Y CYLCH SIALC

Y Cylch Sialc

BERTOLT BRECHT

Cyfieithwyd gan Sheelagh Williams

HUGHES / CAA

Dylid cyfeirio pob cais am berfformio'r ddrama hon, bydded hynny yn amatur neu'n broffesiynol, at Hughes a'i Fab, Parc Tŷ Glas, Llanishen, Caerdydd CF4 5DU.

Cyhoeddwyd gyntaf yn 1958 gan Suhrkamp Verlag, Berlin.

Teitl gwreiddiol: *Der kaukasische Kreidekreis.*

ⓗ Suhrkamp Verlag, Berlin 1958.

ⓗ Yr argraffiad Cymraeg: Hughes a'i Fab 1991.

ⓗ Y cyfieithiad Cymraeg: Sheelagh Williams.

Argraffiad Cymraeg cyntaf gan Hughes a'i Fab/CAA: 1991.

ISBN   1 85644 086 9

Cyhoeddwyd gan Hughes a'i Fab, Parc Tŷ Glas, Llanishen, Caerdydd CF4 5DU a Chanolfan Astudiaethau Addysg, Coleg Prifysgol Cymru, Aberystwyth, Dyfed.

Cysodwyd gan Christina Thomas, Canolfan Astudiaethau Addysg, Coleg Prifysgol Cymru, Aberystwyth.

Cynlluniwyd y clawr gan Elwyn Ioan.

Argraffwyd gan y Cambrian News, Aberystwyth.

Dymuna'r cyhoeddwyr gydnabod cymorth a chyfarwyddyd Adrannau'r Cyngor Llyfrau Cymraeg a noddir gan Gyngor Celfyddydau Cymru.

Y ddadl ynglŷn â'r dyffryn

CYMERIADAU:

Ar y dde: *ffermwr oedrannus, ffermwraig oedrannus, ffermwr ifanc, gweithiwr ifanc iawn.*

Ar y chwith: *ffermwr oedrannus, ffermwraig oedrannus, arbenigwraig mewn amaethyddiaeth, gyrrwr tractor (gwraig ifanc), milwr clwyfedig, gweithwyr eraill o'r fferm gydweithredol, yn ddynion a gwragedd.*

Hefyd: *arbenigwyr o'r brifddinas.*

(Ymysg adfeilion pentref yn y Cawcasws, a ddinistriwyd gan y rhyfel, mae pobl yn eistedd mewn cylch yn yfed gwin ac yn ysmygu; aelodau ydynt o ddwy gymuned gydweithredol — gwragedd y rhan fwyaf, a gwŷr mewn oed — ond hefyd rhai milwyr. Gyda hwy mae arbenigwr o'r comisiwn cenedlaethol er ailddatblygu, a ddaeth o'r brifddinas.)

HEN WRAIG *(ar y chwith, yn pwyntio)*: Fanna yn y bryniau y llwyddon ni i atal tri o danciau o eiddo'r Natsïaid, ond erbyn hynny roedd y berllan wedi'i difetha.

HEN ŴR *(ar y dde)*: Ein fferm odro wych ni — yn adfeilion.

GYRRWR TRACTOR *(gwraig ifanc, ar y chwith)*: Fi gychwynnodd y tanau i'w hatal, gymrawd.

(Saib)

ARBENIGWR: Gwrandewch rŵan 'ta ar y cofnodion: Daeth cynrychiolwyr y fferm gydweithredol Galinsk, sef fferm magu geifr, i Nukha i'n gweld. Tra oedd byddin Hitler yn nesáu, gyrrodd ein cymrodyr o'r fferm honno eu geifr ymhellach i'r dwyrain ar orchymyn yr awdurdodau. Nawr maent â'u bryd ar symud yn ôl i'r dyffryn yma. Mae eu cynrychiolwyr wedi bwrw golwg dros y pentref a'r tiroedd a chanfod fod cryn dipyn o ddifrod wedi ei wneud. *(Mae'r*

1

cynrychiolwyr ar y dde yn nodio'u pennau.) Ar y llaw arall, mae aelodau'r fferm gydweithredol Rosa Luxemburg, fferm gyfagos sy'n tyfu ffrwythau *(mae'n edrych i'r chwith)* yn gwneud cais am gael defnyddio hen dir pori y fferm Galinsk — dyffryn â thyfiant prin o wair. Maent am gael ehangu eu perllannau a gosod gwinllan yno. Fel arbenigwr gyda'r comisiwn ailddatblygu, galwaf arnoch chi — aelodau o'r ddau bentref cydweithredol — i gytuno a ddylai'r fferm Galinsk symud yn ôl ai peidio.

HEN ŴR *(ar y dde)*: I ddechrau, dw i eisiau protestio ynglŷn â'r cyfyngu ar amser i drafod. Rydan ni o'r fferm Galinsk wedi cymryd tri diwrnod a thair noson i gyrraedd yma a rŵan dyma ni'n clywed mai hanner diwrnod yn unig gawn ni i setlo'r cyfan.

MILWR WEDI EI GLWYFO *(ar y dde)*: Gymrawd, does gennym ni ddim cymaint â hynny o bentrefi ar ôl, na chymaint â hynny o weithwyr, na chymaint â hynny o amser.

DYNES Y TRACTOR: Rhaid dogni ar bob pleser — baco, gwin a thrafodaeth.

HEN ŴR *(ar y dde, gan ochneidio)*: Lladdwn y Ffasgwyr! Mi ddof yn syth at yr achos 'ta. Ac egluro i chi pam rydan ni am gael y dyffryn yn ôl. Mae 'na nifer fawr o resymau, ond mi ddechreua i efo'r hawsa. Makinä Abakidze, dadbacia'r caws gafr 'na!

(Mae gwraig ar y dde yn tynnu cosyn anferth, wedi ei lapio mewn lliain, allan o fasged fawr. Ceir cymeradwyaeth a chwerthin.)

HEN ŴR *(ar y dde)*: Helpwch eich hunain, gymrodyr, bwriwch iddi! Dowch!

HEN ŴR *(ar y chwith, yn amheus)*: Ydy hyn i fod i ddylanwadu arnon ni?

HEN ŴR *(ar y dde, yng nghanol sŵn chwerthin)*: Sut y gallen ni feddwl am ddylanwadu ar neb fel ti, Surab, a thithau'n lleidr tir? Rydan ni'n gwybod y cymeri di'r caws ac wedyn y dyffryn yn ogystal. *(Chwerthin.)* Yr unig beth dw i am ei gael gen ti yw ateb gonest. Wyt ti'n cael blas ar y caws 'ma?

HEN ŴR *(ar y chwith)*: Ydw.

HEN ŴR *(ar y dde)*: Felly. *(Yn chwerw.)* Mi ddylwn i fod wedi sylweddoli nad wyt ti'n gwybod dim am gaws.

HEN ŴR *(ar y chwith)*: Sut felly, a finnau'n dweud wrthyt ti 'mod i'n cael blas da arno fo?

HEN ŴR *(ar y dde)*: Achos *elli* di ddim cael blas da arno. Oherwydd dydy o ddim fel roedd o yn yr hen ddyddiau. A pham hynny? Am nad ydy'r geifr yn cael yr un blas ar y gwair newydd ag yr oedden nhw ar y gwair erstalwm. Dydy'r caws 'ma ddim *yn* gaws am nad ydy'r gwair 'na'n wair — hwnna ydy o. Os gwelwch chi'n dda, mi hoffwn i i'r ffaith yna gael ei chofnodi.

HEN ŴR *(ar y chwith)*: Ond mae'ch caws chi'n ardderchog.

HEN ŴR *(ar y dde)*: Dydy o *ddim* yn ardderchog. Prin mae o o safon ganolig. Dydy'r borfa newydd yn dda i ddim, beth bynnag ddywed y rhai ifanc 'na. Dw *i*'n deud — all dyn ddim byw yn y lle 'na. Does dim hyd yn oed ogla bore yna yn y bore. *(Rhai'n chwerthin.)*

ARBENIGWR: Paid â theimlo'n flin am eu bod yn chwerthin; maen nhw'n dy ddeall di'r un fath. Gymrodyr, pam mae dyn yn caru'i gartref? Fe ddyweda i pam: am fod gwell blas ar y bara yno, a'r awyr yn fwy eang yno rywsut, a bod gwell ogla ar y gwynt, lleisiau'n atseinio'n gryfach, y tir yn haws ei gerdded. Mae'n wir, 'n tydy?

HEN ŴR *(ar y dde)*: Mae'r dyffryn yma wedi perthyn i ni ers cyn cof.

MILWR: Be ti'n feddwl — ers cyn cof? Does dim byd yn perthyn i neb ers cyn cof. Pan oeddet ti'n ifanc doeddet ti dy hun hyd yn oed ddim yn perthyn i ti — roeddet yn eiddo i'r Tywysog Kazbeki.

HEN ŴR *(ar y dde)*: Yn ôl y gyfraith, ni bia'r dyffryn.

DYNES Y TRACTOR: Bydd yn rhaid cael arolwg o'r cyfreithiau, beth bynnag, i weld a ydyn nhw'n dal yn ddilys.

HEN ŴR *(ar y dde)*: Wrth gwrs . . . Ydy o'n beth hollol ddibwys sut goeden sy'n tyfu ger y tŷ lle magwyd dyn? Neu sut gymdogion sy gan rywun — ydy hynny'n ddibwys? 'Dyn ni eisiau caniatâd i ddod yn ôl, cofiwch, a hynny er mwyn eich cael chi'n gymdogion i ni ar y fferm, yr hen ladron

3

tir â chi. A rŵan gewch chi chwerthin am fy mhen i eto . . .

HEN ŴR *(ar y chwith, dan chwerthin)*: Rŵan 'ta, pam na wrandewi di'n ddistaw ar be sy gan dy 'gymdoges' Kato Wachtang i'w ddweud am y dyffryn — hi yw ein harbenigwraig ni ar amaethyddiaeth.

GWRAIG *(ar y dde)*: Dydyn ni ddim wedi gorffen dweud be sy gennym i'w ddweud am y dyffryn, ddim o bell ffordd. Dydy'r tai i gyd ddim wedi'u difa. Ac o leia mae sylfeini'r fferm odro yn dal yna.

ARBENIGWR: Mi wyddoch y cewch chi wneud cais am gymhorthdal gan y llywodraeth yn y fan hyn ac yn y lle arall.

GWRAIG *(ar y dde)*: Gymrawd arbenigwr — dydyn ni ddim wedi dod yma i fargeinio. Alla i ddim cymryd y cap yna *(gan bwyntio at un yr arbenigwr)* ac wedyn cynnig un arall yn ei le gan ddweud ei fod yn un gwell. Efallai ei fod yn un gwell ond eto heb fod yn plesio cystal.

DYNES Y TRACTOR: Allwch chi byth â chymharu cap efo darn o dir, ddim yn ein gwlad ni, gymrawd.

ARBENIGWR: Peidiwch, da chi, â mynd yn gas efo'ch gilydd. Rŵan 'ta, rhaid i ni ystyried clwt o dir fel erfyn i greu rhywbeth o ddefnydd; ond mae'n iawn hefyd i ni gydnabod cariad dyn at ddarn arbennig o dir. Cyn i ni fynd ymlaen â'r drafodaeth, dw i'n cynnig y dylai'r cymrodyr o'r fferm Galinsk egluro beth maent am ei wneud efo'r dyffryn 'ma sy dan ystyriaeth.

HEN ŴR *(ar y dde)*: Iawn.

HEN ŴR *(ar y chwith)*: Ia, gadewch i Kato siarad.

ARBENIGWR: Gymrawd arbenigwraig!

KATO *(yn sefyll ar y chwith, mewn lifrai milwrol)*: Gymrodyr, y gaeaf diwethaf, pan fuon ni fel byddin gudd o *partisans* yn cwffio yn y bryniau, mi fuon ni'n trafod sut y gallen ni ehangu'r perllannau i gael deg gwaith cymaint o ffrwyth ar ôl gyrru'r Almaenwyr allan. Fe weithiais i ar gynllun dyfrhau. Trwy gael argae o flaen y llyn i fyny yn y mynyddoedd 'cw fe allen ni ddyfrhau 300 hectar o dir sy ar hyn o bryd yn anffrwythlon. Wedyn fe allai'r fferm gynhyrchu nid yn unig fwy o ffrwythau ond gwin yn ogystal. Ond i wneud y cynllun yn un gwerth ei fabwysiadu mi fuasai'n rhaid i ni gael cynnwys y dyffryn dadleuol 'ma o eiddo fferm Galinsk. Dyma i chi'r holl waith papur. *(Mae hi'n pasio'r ffeil i'r arbenigwr.)*

HEN ŴR *(ar y dde)*: Wnewch chi gofnodi'r ffaith ein bod ni'n bwriadu dechrau magu ceffylau?

DYNES Y TRACTOR: Gymrodyr, cafodd y syniad yma ei drin a'i drafod yn y dyddiau a'r nosau rheiny pan oedden ni i fyny yn y bryniau, yn aml heb fwledi ar gyfer yr ychydig ynnau oedd gennym. Roedd hi'n anodd cael gafael ar bensil hyd yn oed. *(Cymeradwyaeth ar y ddwy ochr.)*

HEN ŴR *(ar y dde)*: Diolch i'r cymrodyr o'r Rosa Luxemburg ac i bawb fu'n amddiffyn ein mamwlad.

(Ysgwyd dwylo mawr, a chofleidio.)

GWRAIG *(ar y chwith)*: Meddwl oedden ni ar y pryd y byddai ein milwyr dewr — eich dynion chi a'n rhai ninnau — yn cael dychwelyd i gartref mwy ffrwythlon byth.

DYNES Y TRACTOR: Fel y dwedodd y bardd Majakowski, 'Rhaid i gartref y werin Sofietaidd fod yn gartref hefyd i synnwyr cyffredin.'

(Mae'r cynrychiolwyr ar y dde, pawb ohonynt ond yr hen ŵr, wedi codi ac yn brysur yn edrych ar y cynlluniau gyda'r arbenigwr. Clywir 'Disgyn dwy fetr ar hugain — sut hynny?' . . . 'Ffrwydro'r graig fan hyn' . . . 'Yn y bôn, dim ond sment a deinameit sy ei angen' . . . 'Ew, dyna gyfrwys — maen nhw am orfodi'r dŵr i ddod i lawr ffordd hyn'.)

GWEITHIWR IFANC IAWN *(wrth yr hen ŵr ar y dde)*: Wel tyrd i edrych arno fo, Alleko, maen nhw am ddyfrhau'r holl dir rhwng y bryniau.

HEN ŴR *(ar y dde)*: Dydw i ddim am edrych arno fo. Roeddwn i'n gwybod y bydda fo'n gynllun da. Dydw i ddim am adael iddyn nhw osod pistol wrth fy mhen.

MILWR: Duwcs, dim ond pensil maen nhw am ei ddefnyddio!

(Chwerthin. Mae'r hen ŵr yn codi'n drist ac yn mynd draw i edrych.)

HEN ŴR *(ar y dde)*: Gwaetha'r modd, mae'r lladron 'ma sy

am ddwyn ein dyffryn yn gwybod yn iawn na fedrwn ni wrthsefyll peiriannau a chynlluniau y pen yma i'r byd.

GWRAIG (ar y dde): Alleko Bereschwili, rwyt ti dy hun yn un o'r rhai gwaetha am syniadau newydd — mae pawb yn gwybod hynny.

ARBENIGWR: Beth ydw i i sgwennu i lawr 'ta? Gaf fi gofnodi eich bod yn cytuno i ollwng eich gafael ar y tiroedd er mwyn i'r cynllun yma fynd yn ei flaen?

GWRAIG (ar y dde): Dw i'n argymell y dylen ni. Be amdanat ti, Alleko?

HEN ŴR (ar y dde, yn astudio'r papurau): Dw i'n cynnig ein bod ni'n cael copïau o'r cynlluniau i fynd adre efo ni i'w trafod.

GWRAIG (ar y dde): Mi gawn ni eistedd i lawr i fwyta, felly. Dim ond iddo fo gael y cynlluniau a chael eu trafod nhw mae'r mater wedi'i setlo. Dw i'n ei nabod o. Ac felly mae hi efo'r lleill hefyd.

(Mae'r cynrychiolwyr yn cofleidio'i gilydd yn llawen ac yn chwerthin.)

HEN ŴR (ar y chwith): Hir oes i fferm gymuned Galinsk a phob llwyddiant efo'r fridfa geffylau newydd!

GWRAIG (ar y chwith): Gymrodyr, i anrhydeddu cynrychiolwyr y fferm Galinsk sy'n ymweld â ni, a hefyd yr arbenigwr, rydyn ni wedi trefnu adloniant. Perfformiad fydd hwn o ddrama sydd â chysylltiad â'n problem ac fe'i cyflwynir dan gyfarwyddyd y Canwr — Arkadi Tscheidse.

(Cymeradwyaeth. Rhed y gyrrwr tractor i nôl y Canwr.)

GWRAIG (ar y dde): Gymrodyr, rhaid i'r ddrama fod yn un dda — rydan ni'n talu dyffryn cyfa am gael ei gweld!

GWRAIG (ar y chwith): Mae Arkadi Tscheidse yn gwybod un fil ar hugain o benillion ar ei gof.

HEN ŴR (ar y chwith): Fo sydd wedi'n hyfforddi ni. O, gyda llaw — roedd hi'n andros o straffig i ni'i gael o yma. Mi ddylech chi yn y comisiwn, gymrawd, drefnu iddo ddod yma i'r Gogledd yn amlach.

ARBENIGWR: A dweud y gwir, economeg yw ein maes arbenigol ni.

HEN ŴR *(ar y chwith dan wenu)*: Rydych chi'n creu trefn wrth ddosbarthu gwinllannoedd a thractorau. Pam na allwch chi wneud hynny ym myd y theatr hefyd?

(Daw Arkadi Tscheidse i mewn i'r cylch, yn cael ei arwain gan y gyrrwr tractor. Dyn solet, syml ei ymddangosiad ydyw. Gydag ef daw'r cerddorion a'u hofferynnau. Croesewir yr artistiaid â churo dwylo.)

DYNES Y TRACTOR: Dyma'r cymrawd arbenigwr, Arkadi.

(Mae'r Canwr yn cyfarch y rhai o'i gwmpas.)

GWRAIG *(ar y dde)*: Mae'n anrhydedd mawr cael eich cyfarfod. Fe glywais am eich caneuon pan oeddwn i'n blentyn ysgol.

Y CANWR: Y tro yma, drama gyda chaneuon sydd gennym, a phob aelod bron o'r gymuned yn cymryd rhan. Rydyn ni wedi dod â'r hen fygydau efo ni.

HEN ŴR *(ar y dde)*: Un o'r hen chwedlau fydd hon?

Y CANWR: Un hen iawn. 'Y Cylch Sialc' yw enw'r chwedl ac fe ddaw o China. Addasiad ohoni fyddwn ni'n ei gyflwyno, rwy'n cyfaddef. Jura, dangos y mygydau. Gymrodyr, fe fydd yn anrhydedd i gael eich difyrru ar ôl y drafodaeth anodd a gawsom. Rydym yn gobeithio y clywch chi dinc o'r hen fardd hyd yn oed yng nghysgod y tractorau Sofietaidd. Maen nhw'n dweud na ddylid cymysgu gwinoedd, ond mae doethineb hen a newydd yn cymysgu'n ardderchog. Rŵan 'ta, dw i'n gobeithio y cawn ni i gyd damaid i'w fwyta cyn y cyflwyniad — bydd hynny'n help.

LLEISIAU: Bydd, yn wir! Pawb i'r neuadd gymuned!

(Aiff pawb yn llawen i fwyta. Tra bod pawb yn symud mae'r arbenigwr yn troi at y Canwr.)

ARBENIGWR: Pa mor hir mae'r stori 'ma'n para, Arkadi? Rhaid i mi ei chychwyn hi'n ôl am Tiflis heno.

Y CANWR *(yn ddidaro braidd)*: A dweud y gwir, mae 'na ddwy stori. Rhyw gwpwl o oriau.

ARBENIGWR *(yn ddistaw)*: Does dim modd cwtogi arnyn nhw?

Y CANWR: Nac oes.

7

Y CYLCH SIALC

CYMERIADAU

Y Canwr, Arkadi Tscheidse
Ei gerddorion/offerynwyr
Georgi Abaschwili, y rhaglaw
Natella, ei wraig
Michel, eu mab
Shalva, cyrnol yng ngosgordd y rhaglaw
Arsen Kazbeki, y tywysog tew
Marchog, negesydd o'r brifddinas
Niko Mikadze, meddyg
Mikha Loladze, meddyg
Simon Chachava, y milwr
Grusche Vachnadze, morwyn yn y gegin
Tri phensaer
Pedair morwyn — Assja, Mascha, Sulika, Nina dew
Nyrs/nani
Cogyddes
Cogydd
Gwas stabl
Gweision ym mhlasty'r rhaglaw
Yr Helmau Duon a milwyr y rhaglaw a'r tywysog tew
Cardotwyr ac ymbilwyr
Hen ffermwr llaeth
Dwy foneddiges
Tafarnwr
Gwas i'r tafarnwr
Corporal
'Penrwdan', y milwr
Gwraig fferm a'i gŵr
Tri marsiandïwr
Lavrenti Vachnadze, brawd Grusche
Aniko, ei wraig
Eu gwas
Gwraig fferm, mam-yng-nghyfraith Grusche am gyfnod
Jussup, ei mab

8

Y Brawd Anastasius, mynach
Gwahoddedigion y briodas
Plant
Azdak, clerc plwyf
Schauwa, heddwas
Ffoadur, yr Archddug
Meddyg
Claf
Dyn â herc
Blacmeliwr
Ludowica, merch-yng-nghyfraith y tafarnwr
Hen wraig dlawd yn cadw tyddyn
Irakli, ei brawd-yng-nghyfraith, gwylliad
Tri ffermwr cefnog
Illo Schuboladze, cyfreithiwr
Sandro Oboladze, cyfreithiwr
Pâr priod oedrannus

Golygfa 1: Y plentyn o dras

Golygfa 2: Ar ffo i fynyddoedd y Gogledd

Golygfa 3: Ym mynyddoedd y Gogledd

Golygfa 4: Hanes y Barnwr

Golygfa 5: Y cylch sialc

1   Y plentyn o dras

(Eistedda'r Canwr o flaen ei gerddorion ar y llawr, a mantell dywyll o groen dafad am ei ysgwyddau, yn byseddu copi blêr o'r stori gyda thameidiau o bapur yn nodi tudalennau.)

Y CANWR:
> Yn yr hen oes, yr hen oes waedlyd
> Yn y dref yma, yr hon a elwir 'damnedig',
> Llywodraethai rhaglaw o'r enw Georgi Abaschwili.
> Roedd yn gyfoethog tu hwnt.
> Roedd ganddo wraig brydferth.
> Roedd ganddo blentyn iach.
> Nid oedd gan unrhyw raglaw arall drwy holl wlad Grusinia
> Gymaint o geffylau yn bwyta o'i breseb,
> Na chymaint yn cardota o flaen ei ddrws;
> Cymaint o filwyr yn ei wasanaeth,
> Na chymaint yn dod i'w lys â deisebau.
> Sut ga i ddisgrifio Georgi Abaschwili i chi?
> Wel, roedd yn mwynhau bywyd.
> Un bore Sul y Pasg
> Aeth y rhaglaw gyda'i deulu
> I'r eglwys.

(Drwy borth plasty daw lluoedd o gardotwyr, deisebwyr, rhai'n cario plant tenau, eraill yn chwifio baglau a deisebau. Fe'u dilynir gan ddau filwr mewn helmau duon, ac yna deulu'r rhaglaw yn eu gwisgoedd drudfawr.)

CARDOTWR A RHAI Â DEISEBAU: Trugaredd, Eich Anrhydedd. Mae'r trethi y tu hwnt i bob rheswm. Fe gollais fy nghoes yn y rhyfel yn Nhwrci. Lle ga i . . . Mae 'mrawd yn ddieuog, Eich Mawrhydi. Camddealltwriaeth oedd o. Mae'r plentyn yma'n llwgu yn fy mreichiau. Oes modd rhyddhau ein mab ieuengaf o'i wasanaeth milwrol? O, Eich Mawrhydi, mae arolygwr y bwrdd dŵr yn cymryd ei lwgrwobrwyo.

(Mae gwas yn casglu'r deisebau, un arall yn dosbarthu arian o gwdyn. Mae'r milwyr yn gorfodi'r dorf i symud yn ôl, gan eu taro â chwipiau lledr trwm.)

MILWR: Yn ôl! Gadewch lwybr clir at borth yr eglwys.

(Ar ôl y rhaglaw a'i wraig a'r cyrnol daw coets fach odidog allan drwy'r porth a phlentyn y rhaglaw yn cael ei wthio ynddi. Mae'r dorf yn gwthio ymlaen eto er mwyn cael ei weld. Clywir rhai'n gweiddi — 'Y plentyn' — 'Alla i mo'i weld, peidiwch â gwthio cymaint' — 'Bendith Duw arnoch, Eich Mawrhydi'.

Y CANWR *(tra bo'r dorf yn cael ei gyrru'n ôl â'r chwipiau):*
A'r Pasg yma, am y tro cyntaf, gwelodd y bobl yr etifedd.
Cerddai dau feddyg wrth ymyl y plentyn bob cam,
Cannwyll llygad y rhaglaw oedd ef.
Bu i'r Tywysog Kazbeki hyd yn oed, er mor bŵerus hwnnw,
Foesymgrymu o'i flaen wrth ddorau'r eglwys.

(Daw tywysog tew ymlaen i gyfarch y teulu.)

TYWYSOG TEW: Pasg dedwydd i chi, Natella Abaschwili.

(Clywir gorchymyn. Carlama marchog atynt ac estyn rholyn o bapurau i'r rhaglaw. Ar arwydd y rhaglaw, aiff y cyrnol, gŵr ifanc golygus, at y marchog a'i ddal yn ôl. Saib fer — y tywysog tew yn edrych yn ddrwgdybus ar y marchog.)

TYWYSOG TEW: Am ddiwrnod! Dyma ddydd gŵyl diflas, meddyliais, pan welais y glaw neithiwr. Ond y bore 'ma, mae'r awyr yn glir a braf. Fel hyn dw i'n ei hoffi hi, Natella Abaschwili. Pethau syml dw i'n eu hoffi, wyddoch chi. A dyma'r hen Michel bach, rêl rhaglaw 'n tydy? Cwtsicwtsicŵ! *(Mae'n cosi'r plentyn.)* Pasg llawen, Michel bach, cwtsicwtsicŵ!

GWRAIG Y RHAGLAW: Be feddyliech chi, Arsen? Mae Georgi wedi penderfynu o'r diwedd cychwyn ar estyniad newydd ar yr ochr ddwyreiniol. Fe dynnir y rhan yna o'r dref i gyd i lawr, yr holl hen gytiau blêr o dai, i wneud gardd i ni.

TYWYSOG TEW: Dyna newydd da o'r diwedd, ar ôl cymaint o newydd drwg. Oes 'na ryw sôn sut mae'r rhyfel yn mynd, Georgi 'nghyfaill? *(Gan ymateb i arwydd negyddol y rhaglaw.)* Cilio'n ôl am resymau tactegol glywais i . . . Ia? Wel, problem dros dro yw honno, fel sy i'w chael bob amser. Weithiau mae pethau ar i fyny, dro arall ar i lawr. Lwc y rhyfel. Fawr o bwys yn y pen draw, nac ydy?

GWRAIG Y RHAGLAW: Mae'n pesychu! Georgi, glywaist ti? *(Yn finiog wrth y ddau feddyg, y ddau'n llawn pwysigrwydd yn sefyll yn union y tu ôl i'r goets)* Mae'n pesychu!

MEDDYG CYNTAF *(wrth yr ail)*: Gaf fi eich atgoffa, Niko Mikadze, nad oeddwn i o blaid y bàth claear? Rhyw gamddealltwriaeth bach ynglŷn â thymheredd dŵr y bàth, Eich Mawrhydi.

AIL FEDDYG *(yn gwrtais tu hwnt, yn yr un modd)*: Alla i wir ddim cytuno â chi, Mikha Loladze. Dyna'r union dymheredd a argymhellwyd gan ein hannwyl barchus Mishiko Oboladze. Haws gen i feio drafft yn y nos, Eich Mawrhydi.

GWRAIG Y RHAGLAW: Ond, da chi, gwnewch rywbeth yn ei gylch o rŵan. Mae'n edrych fel tase gwres arno, Georgi.

MEDDYG CYNTAF *(uwchben y plentyn)*: Dim achos i boeni, Eich Mawrhydi. Dŵr bàth ychydig yn gynhesach yn y dyfodol a ddigwyddith hyn ddim eto.

AIL FEDDYG *(gan edrych arno'n llawn gwenwyn)*: Wna i ddim anghofio hyn, annwyl Mikha Loladze. Dim achos i boeni, Eich Anrhydedd.

TYWYSOG TEW: Wel, wel, wel, yr hyn y bydda i'n 'i ddweud ydy — os caf fy mhoeni gan fy iau, caiff y doctor deimlo'r gansen hanner cant o weithiau ar wadnau'i draed — a hynny, cofiwch, am ein bod ni'n byw mewn oes mor oddefgar. Yn yr hen ddyddiau, colli ei ben wnâi o.

GWRAIG Y RHAGLAW: Gadewch i ni fynd i mewn i'r eglwys. Mae'n debyg mai'r drafft fan hyn sy ar fai.

(Mae'r osgordd, y teulu a'r gweision, yn troi i borth yr eglwys. Mae'r tywysog tew yn dilyn. Cama'r cyrnol ymlaen a phwyntio at y negesydd.)

RHAGLAW: Ddim cyn y gwasanaeth, Shalva.

CYRNOL *(wrth y negesydd)*: Nid yw'r rhaglaw yn dymuno cael ei boeni gan dy newyddion cyn y gwasanaeth, yn enwedig os ydynt yn rhai digalon, fel rwy'n amau. Gofyn iddyn nhw roi rhywbeth i ti i'w fwyta yn y gegin, gyfaill.

(Mae'r cyrnol yn ymuno â chynffon yr osgordd, tra bod y marchog yn mynd i mewn drwy borth y palas dan regi a diawlio. Daw milwr allan o'r palas a sefyll ym mwa'r porth.)

Y CANWR:
> Mae'r dref yn dawel i gyd.
> Ar y sgwâr o flaen yr eglwys mae'r c'lomennod yn swagro.
> Gwelir milwr o warchodlu'r palas
> Yn hwyliog herian morwyn o'r gegin,
> Wrth i honno ddod o gyfeiriad yr afon â'i bwndel.

(Mae morwyn am gael mynd drwy'r porth, a bwndel o ddail mawr gwyrdd o dan ei braich.)

MILWR: Be 'dy hyn? Miss ddim yn yr eglwys? Mitsio'r gwasanaeth?

GRUSCHE: Ro'n i wedi gwisgo'n barod, ond wedyn roedden nhw'n brin o ŵydd ar gyfer gwledd y Pasg ac fe ofynnon nhw i mi ei nôl — dw i'n gwybod tipyn am wyddau.

MILWR: Gŵydd . . . *(gan gymryd arno ei drwgdybio.)* Rhaid i mi gael golwg arni'n gynta, yr ŵydd 'ma. *(Nid yw Grusche'n deall.)* Mae gofyn bod yn ofalus hefo merched. Allan nhw ddweud, 'Dim ond nôl gŵydd oeddwn i', ac wedyn mae'n troi allan i fod yn rhywbeth hollol wahanol.

GRUSCHE *(yn mynd i fyny ato yn benderfynol ac yn dangos yr ŵydd iddo)*: Dyna hi, 'ta. Ac os nad ydy honna'n ŵydd pymtheg pwys wedi pesgi ar gorn, mi fwyta i'r plu!

MILWR: Brenhines o ŵydd, yn wir. Mi fydd honna'n cael ei chladdu gan y rhaglaw ei hun . . . Ac fe fu Miss i lawr wrth yr afon eto, felly?

GRUSCHE: Do, yn yr iard ffowls.

MILWR: Felly, yn yr iard ffowls, i lawr wrth yr afon, nid yn uwch i fyny wrth yr helyg?

GRUSCHE: Dim ond pan fydda i'n mynd i wneud y golchi y bydda i'n mynd at yr helyg.

MILWR *(yn awgrymog)*: Yn hollol.

GRUSCHE: Yn hollol be?

MILWR *(gan wincio)*: Wel, jyst yn hollol.

GRUSCHE: Pam na ddylwn i wneud y golchi wrth yr helyg?

MILWR *(yn mynd dros ben llestri â'i chwerthin)*: 'Pam na ddylwn i wneud y golchi wrth yr helyg?' Mae honna'n un dda. Ydy wir.

GRUSCHE: Mistar Milwr, dw i'm yn dallt. Be sy mor dda?

MILWR *(yn slei)*: Pe bai ambell greadures yn gwybod beth mae ambell greadur yn ei wybod, mi fyddai hi'n chwys oer a phoeth drosti.

GRUSCHE: Dwn i ddim beth sydd yna i'w wybod am yr helyg 'na.

MILWR: Er bod llwyni gyferbyn a golygfa dda o fanno ar bopeth. Popeth sy'n digwydd pan fydd rhywun arbennig yn . . . ddwedwn i — 'golchi'?

GRUSCHE: *Be* sy'n digwydd? Pam na wnaiff Mistar Milwr ddweud yn iawn a darfod efo fo?

MILWR: Wel, mae rhywbeth yn digwydd sy'n golygu fod rhywbeth yn dod i'r golwg.

GRUSCHE: Siawns nad ydy Mistar Milwr yn cyfeirio at y ffaith i mi roi bodiau 'nhraed yn y dŵr un diwrnod poeth . . . oherwydd ddigwyddodd dim byd arall.

MILWR: *A mwy* . . . bodiau'r traed, ia, a mwy.

GRUSCHE: Be arall? Troed ar y mwyaf.

MILWR: Y droed *a* thipyn mwy. *(Chwerthin mawr.)*

GRUSCHE *(yn flin)*: Simon Chachava — rhag dy gywilydd di, yn cuddio yn y llwyni ar ddiwrnod poeth ac yn disgwyl i ryw greadures ddod i roi'i choes yn y dŵr. A milwr arall yno hefyd, mae'n debyg . . . *(Rhed i ffwrdd.)*

MILWR *(yn galw ar ei hôl)*: Na, neb ond y fi.

(Wrth i'r Canwr ailgydio yn ei stori, rhed Simon ar ei hôl.)

Y CANWR:

Tawel yw'r dref, pam felly'r gwŷr arfog?
Saif palas y rhaglaw'n heddychlon,
Ond pam ei fod yn gaer?

(Brysia'r tywysog tew o'r porth ar y chwith. Saif am eiliad i edrych o'i gwmpas. O flaen y porth ar y dde mae dau o'r Helmau Duon yn disgwyl. Gwêl y tywysog hwy ac â heibio iddynt yn araf gan roi arwydd iddynt. Yna â allan yn gyflym. Aiff un o'r

Helmau Duon i mewn i'r palas, ac erys y llall i wylio. Tu cefn clywir galwadau distaw megis 'I'ch llefydd' o sawl cyfeiriad. Mae'r palas wedi ei amgylchynu. O bell daw sŵn clychau eglwys. Drwy'r porth daw'r rhaglaw a'i osgordd ar eu ffordd yn ôl o'r eglwys.)

Y CANWR:

 Y rhaglaw aeth yn ôl i'w blasty.

 Y gaer oedd yn awr yn gell.

 Yr ŵydd wedi'i phluo a'i rhostio

 Yr hon na chafodd ei bwyta.

 Yr awr — ganol dydd — nid amser bwyd oedd.

 Yr awr — ganol dydd — yr amser i farw.

GWRAIG Y RHAGLAW *(wrth fynd heibio)*: Wir, mae'n amhosib byw yn y twll lle yma, ond dim ond ar gyfer Michel bach mae Georgi'n meddwl codi lle newydd — nid er fy mwyn *i* o gwbl. Michel yw popeth. Popeth i Michel.

RHAGLAW: Glywaist ti'n cyfaill Kazbeki'n dymuno Pasg dedwydd i ni? Does dim o'i le ar hynny wrth gwrs . . . ond, hyd y gwn i, doedd hi ddim yn glawio yn Nukha neithiwr. Eto, lle bynnag fu ein brawd Kazbeki, roedd hi'n bwrw yno. Sgwn i ble buo fo?

CYRNOL: Rhaid archwilio'r mater.

RHAGLAW: Rhaid. Ar unwaith. Yfory.

(Try'r osgordd i mewn drwy'r porth. Yn y cyfamser mae'r negesydd wedi dod allan o'r palas ac yn camu at y rhaglaw.)

CYRNOL: Dydych chi ddim am glywed neges y marchog ddaeth o'r brifddinas, Eich Anrhydedd? Fe gyrhaeddodd yn gynharach gyda phapurau cyfrinachol.

RHAGLAW *(gan ddal i gerdded)*: Ddim cyn y wledd, Shalva.

CYRNOL *(wrth y marchog, tra diflanna'r osgordd i mewn i'r palas; erys dau yn unig o'r Helmau Duon o warchodlu'r palas wrth y porth)*: Nid yw'r rhaglaw'n dymuno cael ei blagio â newyddion milwrol cyn y wledd ac mae ei Anrhydedd wedi trefnu i neilltuo'r pnawn cyfan ar gyfer trafodaethau gyda phenseiri blaenllaw'n gwlad a wahoddwyd i'r wledd hefyd . . . Dyma nhw ar y gair . . .

(Daw tri gŵr ymlaen. Aiff y negesydd. Try'r cyrnol atynt i'w cyfarch.)

Foneddigion, croeso. Mae ei Anrhydedd yn eich disgwyl i'r wledd. Yna bydd yn canolbwyntio ar eich cynlluniau newydd gwych. Dewch! Brysiwch!

UN OHONYNT: Rydym yn rhyfeddu fod ei Anrhydedd â'i fryd ar waith adeiladu o gwbl, a hynny er gwaetha'r straeon digon annifyr sydd i'w clywed am dro enbyd yng nghwrs y rhyfel ym Mhersia.

CYRNOL: Bron na ddywedwn i mai dyna pam. Dyw'r rhyfel ddim o fawr bwys. Mae Persia yn bell oddi yma ac fe gymerai'r gwarchodlu yma eu darnio'n gareiau i amddiffyn eu rhaglaw.

(O'r palas daw sŵn cynnwrf, a sgrechiadau gwraig. Clywir sŵn bloeddio gorchmynion. Cama'r cyrnol am y porth, yn syfrdan. Daw un o'r Helmau Duon allan yn dal ei waywffon o'i flaen.)

CYRNOL: Be sy'n digwydd? Rho hwnna ymaith, y cnaf. *(Yn wyllt wrth y rhai sydd ar ddyletswydd)*: Cymerwch ei arfau. Welwch chi ddim fod y rhaglaw'n cael ei fygwth?

(Does neb yn ufuddhau iddo. Edrychant arno'n ddi-hid ac yna dilynant y llall yn ddigyffro. Gwthia'r cyrnol ei ffordd i mewn.)

PENSAER: Y tywysogion . . . Yn ôl a glywais — neithiwr yn y brifddinas fe gyfarfu'r tywysogion sy'n gwrthwynebu trefn yr Archddug a'i lywodraethwyr. Gyfeillion, buasai'n well i ni ddiflannu. *(Ânt allan yn gyflym.)*

Y CANWR:

O, mor ddall yw'r crach. Cerddant fel duwiau
Yn rhwysgfawr ar gefnau'r werin, yn sicr
O'r dyrnau brynasant, yn ffyddiog
O'r awdurdod a barhaodd eisoes amser maith.
Ond nid tragwyddoldeb mo amser maith.
Daw newid trefn gyda threiglad amser!
Dyma obaith y werin bobl!

(Allan drwy'r porth daw'r rhaglaw, mewn cadwyni, yn llwyd, rhwng dau filwr sy'n arfog o'u corun i'w sawdl.)

Dyma'r diwedd, o arglwydd. Dal dy ben i fyny.
Mae llygaid llawer gelyn yn dy ddilyn o'r palas.
Nid penseiri sydd eu hangen arnat mwyach, ond saer eirch.
Nid i blasty newydd yr ei, ond i ffos gul.

Edrycha o'th gwmpas — y dyn dall.

(Edrycha'r un a arestiwyd o'i gwmpas.)

Wyt ti'n hoffi'r hyn a weli, dy eiddo gynt?
Rhwng offeren a gwledd
Cei fynd ar daith i dragwyddoldeb.

(Arweinir ef i ffwrdd. Mae'r gwarchodlu'n dilyn. Clywir sŵn corn yn rhoi rhybudd. Mae llawer o sŵn y tu draw i'r bwa.)

Pan gwymp y mawrion
Caiff llawer un bach ei daro i'r llawr.
Y rhai na chawsant gyfran o olud y pŵerus
Fe gânt rannu'i ffawd pan syrth. Wrth i'r cert droi
Rhwygir y ceffylau chwyslyd,
Hwythau hefyd, dros y dibyn i'w tranc.

(Drwy'r porth daw gweision yn rhedeg mewn dychryn.)

GWEISION *(ar draws ei gilydd)*: Ewch i nôl y basgedi pacio mawr. Popeth i'r beili pella. Cyflenwad bwyd am bum niwrnod. Mae'r feistres wedi llewygu. Rhaid ei chario i lawr, rhaid ei chael o 'ma. A be amdanom ni? Cawn ein lladd fel ieir, felly fydd hi. Bobol annwyl, be sy'n mynd i ddigwydd? Maen nhw'n dweud fod gwaed yn llifo yn y dre yn barod. Na, lol botas, 'mond wedi siarsio'r rhaglaw maen nhw'n reit wylaidd; bydd yn rhaid iddo ymddangos o flaen sesiwn arbennig o'r tywysogion. Fe geir trefn ar bopeth eto yn y man; clywais hyn i gyd o lygad y ffynnon.

(Daw'r ddau feddyg ar ras i'r iard.)

MEDDYG CYNTAF *(yn ceisio atal yr ail rhag rhuthro ymaith)*: Niko Mikadze, mae'n ddyletswydd proffesiynol arnoch chi fel meddyg i swcro Natella Abaschwili.

AIL FEDDYG: Fy nyletswydd i? Eich un chi'n hytrach.

MEDDYG CYNTAF: Pwy sy'n gyfrifol am y plentyn heddiw — chi ynteu fi?

AIL FEDDYG: O, dewch rŵan, Mikha Loladze. Ydych chi'n credu o ddifri 'mod i am aros yn y tŷ felltith 'ma eiliad yn hwy er mwyn y diawl plentyn 'na?

(Aiff yn ymrafael rhyngddynt. Clywir 'Rydych yn anghofio'ch dyletswydd' a 'Damia dyletswydd', cyn i'r ail feddyg fwrw'r cyntaf i'r llawr.)

AIL FEDDYG: O, dos i'r diawl! *(Exit.)*

GWEISION: Mae gennym tan heno; fydd y milwyr ddim wedi meddwi'n rhacs tan hynny ... Oes rhywun yn gwybod — ydyn nhw wedi troi côt mewn gwirionedd? ... Mae gwarchodlu'r palas wedi mynd ar eu ceffylau ... Oes rhywun yn gwybod yn iawn be sydd wedi digwydd?

GRUSCHE: Dwedodd y pysgotwr, Meliwa, fod y bobl yn y brifddinas wedi gweld seren wib a chynffon goch ganddi — mae hynny'n arwydd o anlwc.

GWEISION: Mae 'na sôn fod newyddion wedi cyrraedd y brifddinas ddoe fod y rhyfel yn erbyn Persia fwy na heb wedi'i golli . . . Y tywysogion wedi gwrthryfela mewn protest . . . Yr Archddug wedi ffoi, meddan nhw . . . Fe ddienyddir pob rhaglaw . . . Ond wnân nhw ddim byd i ni, y rhai di-nod, siawns. Ac mae gen i frawd sy'n un o'r Helmau Duon.

(Daw'r milwr, Simon Chachava, i chwilio am Grusche yng nghanol y berw.)

CYRNOL *(yn ymddangos o dan fwa'r porth)*: Pawb i'r beili pella. Pawb i roi help i bacio.

(Gyr ef y gweision o'i flaen. O'r diwedd daw Simon o hyd i Grusche.)

SIMON: O, dyma ti, Grusche. Beth wnei di rŵan?

GRUSCHE: Dim. Petai'n fater o raid, mae gen i frawd yn ffermio yn y mynyddoedd. Ond beth amdanat ti?

SIMON: Sdim ots amdana i. *(Yn ffurfiol eto)* Grusche Vachnadze, mae'r ffaith i ti fy holi ynglŷn â'm cynlluniau yn fy llenwi â bodlonrwydd. Rydw i wedi 'ngorchymyn i fynd gyda gosgordd y Fonesig Natella Abaschwili i'w gwarchod.

GRUSCHE: Ond mae gwarchodlu'r palas wedi gwrthryfela, 'n tydy?

SIMON *(yn ddwys, ddifrifol)*: Mae'n ymddangos felly.

GRUSCHE: Dydy hi ddim yn beryglus i hebrwng mistras?

SIMON: Mae ganddyn nhw ddywediad yn Tiflis: 'Dyw trywanu ddim yn niweidiol i'r gyllell'.

GRUSCHE: Nid cyllell wyt ti. Person wyt ti, Simon Chachava. Be ydy'r wraig yma i ti?

SIMON: Dyw hi'n golygu dim i mi, ond fe gefais fy siars ac felly fe af.

GRUSCHE: Felly mae Mistar Milwr yn dwpsyn os ydy o'n mynd ar ei ben i drybini, a hynny i ddim byd. *(Clywir llais yn galw arni.)* Gwell i mi frysio . . .

SIMON: Gan ein bod ar gymaint o frys rhaid i ni beidio â ffraeo. Mae angen digon o amser ar gyfer ffrae iawn. Tybed ga i ofyn a yw rhieni Miss yn fyw?

GRUSCHE: Na, dim ond yr un brawd.

SIMON: O, reit. Gan fod amser mor brin, yr ail beth yr hoffwn ei ofyn ydy hyn: ydy Miss yn un gref ac iach?

GRUSCHE: Hwyrach fod rhywbeth yn tynnu yn yr ysgwydd dde ambell waith, ond heblaw hynny rwy'n ddigon 'tebol. O leiaf, does neb wedi cael achos i gwyno hyd yma.

SIMON: Mi wn. Hi yw'r un sy'n mynd i nôl gŵydd hyd yn oed ar fore Sul y Pasg. Y trydydd cwestiwn rŵan 'ta — tybed ydy Miss yn un ddiamynedd? Ydy hi'n sgut am gael ceirios ganol gaeaf a 'ballu?

GRUSCHE: Na, prin 'mod i'n ddiamynedd; ond pan fydd dyn yn mynd i ryfel, a dim synnwyr yn y peth, a wedyn dim hanes yn dod ohono chwaith . . . mae'n go ddrwg.

SIMON: Fe ddaw newyddion. *(Clywir rhywun yn galw ar Grusche eto.)* Y cwestiwn pwysicaf oll i orffen, 'ta . . .

GRUSCHE: Simon Chachava, gan fod amser yn brin a finna'n gorfod mynd . . . yr ateb ydy 'gwnaf'.

SIMON *(yn embaras)*: 'Mae brys,' meddan nhw, 'yn codi bwthyn bregus'. Ond fe glywais ddihareb arall sy'n dweud 'Does dim brys ar y cyfoethog'. Dw i'n dod o . . .

GRUSCHE: Kutsk.

SIMON: O, mae Miss wedi bod yn gwneud ymholiadau felly. Wel, dw innau hefyd yn iach, does neb yn ddibynnol arna i, dw i'n ennill deg piaster y mis, fel rhingyll fe ga i ugain, a dw i'n gofyn yn daer am eich llaw.

GRUSCHE: Simon Chachava, byddaf yn fodlon ar hynny.

SIMON *(gan dynnu cadwyn fechan, a chroes fach yn crogi arni, oddi am ei wddf.)*: Croes fy mam oedd hon, Grusche Vachnadze, ac mae'r gadwyn fach o arian — oes gobaith y cân nhw'u gwisgo?

GRUSCHE: Diolch yn fawr, Simon. *(Mae e'n rhoi'r gadwyn am ei gwddf.)*

SIMON: Rhaid i mi fynd i roi'r ceffylau yn eu tresi. Iawn? A gwell i Miss ei symud hi am y beili 'na hefyd rhag ofn y bydd 'na ffwdan.

GRUSCHE: Iawn, Simon. *(Saif y ddau'n ansicr.)*

SIMON: Dim ond hebrwng y feistres cyn belled â'r lluoedd sy'n aros yn driw iddi fydda i. Pan fydd y rhyfel drosodd fe ddof yn f'ôl yn syth. 'Mond rhyw bythefnos i dair wythnos. Gobeithio na fydd yr aros yn rhy hir i 'nyweddi . . .

GRUSCHE: Simon Chachava, fe arhosa i amdanat.

Dos yn dawel i'r frwydr, filwr dewr;
Y frwydr mor waedlyd, y frwydr mor chwerw
Na ddaw'n wir pob un ohoni'n fyw.
Tyrd ti'n ôl — fe fydda i yma,
Yn aros o dan y llwyfen a'i dail yn ir
Yn aros o dan y llwyfen a'i dail ar lawr
Yn aros hyd nes daw'r dyn ola'n ôl,
Ac ar ôl hynny wedyn.

Tyrd ti'n ôl o'r frwydr.
Fydd sgidiau'r un dyn wrth fy nrws,
Gwag y gobennydd wrth ymyl f'un i,
Dim blas cusan ar fy ngwefus.
Pan ddoi di'n ôl, os doi di'n ôl,
Cei weld y bydd popeth fel y mae.

SIMON: Diolch, Grusche Vachnadze . . . a da bot ti.

(Moesymgryma'n isel o'i blaen a gwna hithau'r un modd. Yna rhed hi ymaith yn gyflym heb droi i edrych arno. Daw'r cyrnol allan drwy'r porth.)

CYRNOL *(yn siarp)*: Hei, y ceffylau o flaen y goets fwyaf! Paid â sefyllian, y sglyfaeth twp!

(Mae Simon yn sythu ac yn saliwtio, ac yna â allan. Daw dau was allan, bron â sigo dan bwysau cistiau anferthol. Y tu ôl iddynt, yn rhyw faglu mynd a morynion yn ei chynnal, mae Natella Abaschwili. Dilynir hi gan wraig yn cario'r plentyn.)

GWRAIG Y RHAGLAW: Does 'ma neb yn malio dim. Dw i

bron â drysu. Ble mae Michel? Paid â'i ddal o mor lletchwith! Rŵan 'ta, y cistiau ar y goets. Ddaeth 'na ryw newydd am y rhaglaw, Shalva?

CYRNOL *(gan ysgwyd ei ben)*: Rhaid i chi ymadael ar unwaith.

GWRAIG Y RHAGLAW: Beth am y sefyllfa yn y dre?

CYRNOL: Hyd yn hyn mae hi'n reit dawel, ond does dim eiliad i'w golli. A does dim lle i'r holl bethau yna ar y goets. Dewiswch y pethau gwir angenrheidiol. *(Exit.)*

GWRAIG Y RHAGLAW: Rargian fawr! Reit, yn sydyn, agorwch y paciau. Fe ddangosa i i chi beth sy raid imi 'i gael. *(Rhoir popeth i lawr a'u hagor. Pwyntia Natella at wisgoedd brocêd moethus.)* Yr un werdd 'na . . . a honna hefo'r ffwr, wrth gwrs. Ble mae'r meddygon? Dw i am gael y migren echrydus 'na eto — alla i ei deimlo fo'n cychwyn o gwmpas yr arleisiau . . . Honna hefo'r botymau bach perl. *(Mae Grusche'n cyrraedd.)* Rwyt ti'n cymryd dy amser 'n dwyt! Dos i nôl y poteli dŵr poeth ar unwaith.

(Mae Grusche'n mynd dan redeg. Daw'n ôl yn nes ymlaen yn cario'r poteli. Mae Natella'n rhoi gorchmynion iddi trwy wneud arwyddion â'i breichiau.)

GWRAIG Y RHAGLAW *(gan wylio morwyn ifanc)*: Paid â rhwygo'r llawes.

GWRAIG IFANC: Wir, meistres, wnes i ddim byd i'r wisg.

GWRAIG Y RHAGLAW: Naddo, am i mi dy ddal di. Dw i'n cadw llygad arnat ti ers amser . . . does dim byd ar dy feddwl di ond gwneud llygaid llo ar y cyrnol. Mi mala i di, yr hen sopan. *(Yn ei tharo.)*

CYRNOL *(yn dychwelyd)*: Oes modd i chi frysio, Natella Abaschwili? Maen nhw'n ymladd yn y dre. *(Exit.)*

GWRAIG Y RHAGLAW *(gan ollwng y ferch)*: Bobol annwyl, ydach chi'n meddwl y byddan nhw'n cyffwrdd ynof fi? . . . Wel pam ddylsen nhw, yn enw popeth? *(Neb yn ateb; dechreua hi dyrchu yn y paciau ei hun.)* Tyrd. Chwilia am y siaced brocêd. Rho help llaw i mi. Beth mae Michel yn ei wneud? Ydy o'n cysgu?

NYRS: Ydy, mistras.

GWRAIG Y RHAGLAW: Rho fo i lawr 'ta am funud a dos i nôl

fy mwtsias lledr da o'r stafell wely — mi fydd eu hangen nhw hefo'r wisg werdd.

(Mae'r nyrs yn rhoi'r plentyn i lawr ac yn mynd ar ras. Natella'n siarad â'r wraig ifanc.)

Hei, ti. Paid â sefyll yn d'unfan! *(Mae'r wraig yn cychwyn rhedeg.)* Hei, stop, neu fe rof orchymyn i'th chwipio di. *(Saib.)* . . . A drychwch mewn difri sut y cafodd y pethau 'ma eu pacio — heb na gofal na synnwyr. Os nad yw rhywun yn gwneud popeth drosto'i hun . . . ar adeg fel hyn mae dyn yn gweld sut rai ydy'r gweision. Mascha! *(Mae'n rhoi gorchymyn drwy chwifio'i llaw.)* 'Dach chi i gyd yn ddigon parod i lowcio'ch bwyd ond does dim arwydd eich bod yn ddiolchgar amdano . . . Fe gofia i am hyn . . .

CYRNOL *(wedi cynhyrfu'n lân)*: Natella, dewch ar unwaith. Mae'r gwneuthurwyr carpedi wedi gwrthryfela ac wedi crogi'r Barnwr Orbeliani.

GWRAIG Y RHAGLAW: Pam hynny? Rhaid i mi gael y ffrog arian — fe gostiodd fil piaster. A honna â ffwr arni. A lle mae'r un lliw gwin?

CYRNOL *(gan geisio ei thynnu oddi yno)*: Mae terfysg yn codi'i ben mewn sawl rhan o'r ddinas. Rhaid mynd ar unwaith. *(Mae gwas yn ei heglu hi.)* Ble mae'r plentyn?

GWRAIG Y RHAGLAW *(yn galw ar y nyrs)*: Maro! Lle'r wyt ti? Gwna'r plentyn yn barod.

CYRNOL *(ar fynd)*: Mae'n debyg y bydd yn rhaid gadael y goets ar ôl a marchogaeth.

(Mae gwraig y rhaglaw yn dal i dyrchu ymysg y dilladau ac yn taflu rhai ar bentwr i'w cludo hefo hi, wedyn yn ailfeddwl ac yn eu symud eto. Clywir sŵn drymiau. Mae'r awyr yn dechrau troi'n goch.)

GWRAIG Y RHAGLAW *(yn tyrchu yn wyllt a diobaith)*: All i ddim dod o hyd i'r un lliw gwin. *(Mae'n rhoi'r gorau i chwilio ac yn dweud wrth yr ail wraig)*: Cymer yr holl bentwr 'ma a'u cario i'r goets. A pham nad ydy Maro'n dod yn ei hôl? Ydych chi i gyd yn drysu? O, mi ddwedais i, 'ndo? Roedd hi reit ar y gwaelod.

CYRNOL *(yn rhuthro'n ôl)*: Brysiwch, wir.

GWRAIG Y RHAGLAW *(wrth yr ail wraig)*: Rhed! Styria! Tafla nhw i mewn rywsut rywsut.

CYRNOL: Dyw'r goets ddim yn mynd. Dewch, neu fe fydda i'n cychwyn ar fy mhen fy hun. Mae 'ngheffyl i'n barod.

GWRAIG Y RHAGLAW: Maro, tyrd â'r plentyn! *(Wrth yr ail wraig)*: Chwilia, Mascha. Na, paid. Tyrd â'r dillad i'r goets gynta. Ffolineb yw meddwl mynd ar gefn ceffyl. Alla i ddim ystyried hynny, wir. *(Wrth droi, fe wêl goch y tân ar yr awyr, saif yn stond, wedi fferru.)* Mae'r lle ar dân . . . *(Mae hi'n rhuthro ymaith, a'r cyrnol ar ei hôl; dilyna'r ail wraig â'i phwn o ddillad gan ysgwyd ei phen. Daw gweision allan drwy'r porth.)*

COGYDDES: Rhaid mai'r porth dwyreiniol sy'n llosgi.

COGYDD: Maen nhw wedi mynd . . . heb y wagen fwyd. Sut awn ni o 'ma rŵan?

GWAS STABL: Ia wir, fydd fan hyn ddim yn lle arbennig o ddiogel am dipyn rŵan. *(Wrth y drydedd forwyn)*: Sulika, fe a' i i nôl ychydig o flancedi. Fe heglwn ni hi.

NYRS *(yn dod â'r bwtsias)*: Mistras . . .

GWRAIG DEW: Mae hi wedi mynd.

NYRS: A beth am y plentyn? *(Rhed ato a'i godi.)* Maen nhw wedi ei adael ar ôl, y taclau . . . *(Mae'n ei roi i Grusche gan ddweud, yn amlwg gelwyddog)*: Dal o i mi am funud, wnei di? Fe af i edrych lle mae'r goets arni. *(Exit ar ras ar ôl ei meistres.)*

GRUSCHE: Be maen nhw wedi'i wneud hefo'r mistar?

GWAS STABL *(yn gwneud arwydd torri gwddf)*: Fft.

GWRAIG DEW *(yn cael sioc wrth weld yr ystum)*: O bobol bach! Ein Georgi Abaschwili annwyl ni! A golwg mor iach arno fo bore 'ma yn yr eglwys — o, ewch â fi o 'ma wir. Mae hi ar ben arnon ni, mi fyddwn farw'n bechaduriaid heb na chyfle i gyffesu na dim. Fel Georgi Abaschwili druan.

TRYDEDD WRAIG *(yn trio dal pen rheswm gyda hi)*: Peidiwch â chynhyrfu wir, Nina. Mi fyddwch chi'n iawn. 'Dach chi wedi gwneud dim niwed i neb.

GWRAIG DEW *(yn cael ei hebrwng allan)*: O bobol bach . . . brysiwch o 'ma wir, pawb . . . cyn iddyn nhw ddod, wir

. . . dewch.

TRYDEDD WRAIG: Mae'n cael mwy o effaith ar Nina nag ar mistras ei hun. Mae'r rheina'n cael pobl eraill i wneud eu crio drostyn nhw hyd yn oed. *(Mae hi'n sylwi'n sydyn fod Grusche yn dal ei gafael ar y plentyn)*: Be wyt ti'n neud hefo hwnna?

GRUSCHE: Mae o wedi cael ei adael ar ôl.

TRYDEDD WRAIG: Ydy hi wedi'i adael o yma? Michel o bawb? A doedd fiw i'r gwynt chwythu arno fo . . .

(Mae'r gweision yn ymgasglu o gwmpas y plentyn.)

GRUSCHE: Mae o'n deffro.

GWAS STABL: Wir i ti, sa'n well i ti ei roi i lawr yn rhywle. Gas gen i feddwl beth wnaen nhw i rywun a gâi'i weld hefo fo. Mi a' i i nôl ein pethau ni. 'Rhoswch chi rŵan. *(Aiff i mewn i'r palas.)*

COGYDDES: Mae o'n iawn. Unwaith y byddan nhw'n dechrau arni, fe laddan fesul teulu, yn feistr ac yn weision. Dw i'n mynd i gasglu fy mhethau.

(Mae pawb yn mynd ond y gogyddes, y drydedd wraig a Grusche, honno'n dal i afael yn y plentyn.)

TRYDEDD WRAIG: Glywaist ti ddim? Rho fo i lawr.

GRUSCHE: Gofynnodd y nyrs imi'i ddal o am funud.

COGYDDES: Ddaw honno ddim yn ôl, y dwpsan.

TRYDEDD WRAIG: Diar annwyl, rho fo o dy ddwylo, wir.

COGYDDES: Fe fyddan nhw ar ei ôl *o* yn fwy na mistras hyd yn oed. Fo ydy'r etifedd. Grusche, rwyt ti'n annwyl iawn, ond wir, wyddost ti . . . dwyt ti mo'r calla! Dw i'n dweud 'that ti — tasa'r gwahanglwyf arno fo allai hi ddim bod yn waeth. Rhaid ti 'morol rŵan dy fod *ti'n* cael o 'ma'n iawn.

(Dychwela'r gwas stabl hefo bwndeli o flancedi ac ati a'u dosbarthu ymysg y merched. Mae pawb ond Grusche yn paratoi i gychwyn.)

GRUSCHE *(yn styfnig)*: Dydy'r gwahanglwyf ddim arno fo. Mae'n sbio arna i'n union fel person bach.

COGYDDES: Wel, paid ag edrych arno fo 'ta. Ti yw'r union un i gael dy landio mewn rhyw straffig. Tasa rhywun yn

dweud: 'Rhed i nôl y letys, gen ti mae'r coesau hira' — mi
faset yn mynd. Ti'n ddigon gwirion . . . Rŵan . . . rydan
ni am fynd â'r gert ychen drom. Cei ddod hefo ni os styri
di . . . Mawredd! Rhaid bod y rhan yna o'r dref i gyd ar dân.

TRYDEDD WRAIG: Dwyt ti byth wedi pacio dim? Fydd hi fawr
o dro na ddaw'r Helmau Duon o'r barics. *(Mae'r ddwy
wraig a'r gwas stabl yn mynd.)*

GRUSCHE: Dw i'n dod.

*(Mae hi'n rhoi'r plentyn i orwedd, yn edrych arno am eiliad, ac
yna'n mynd i estyn dilladau o'r cistiau a'u taenu dros y plentyn
sy'n dal i gysgu. Yna rhed i mewn i'r palas i nôl ei phethau.
Clywir sŵn ceffylau a merched yn sgrechian. Daw'r tywysog
tew i mewn gyda milwyr meddw — un ohonynt yn cario pen
y rhaglaw ar flaen picell.)*

TYWYSOG TEW: Fan hyn, yn y canol. *(Mae un milwr yn dringo
ar gefn un arall, yn cymryd y pen ac yn ei ddal uwchben
y porth.)* Na. Ddim fan 'na mae'r canol. Mwy i'r dde. Iawn.
Dw i'n credu mewn gwneud pethau'n iawn os o gwbl. *(Mae
milwr yn sodro'r pen yn ei le gerfydd ei wallt â hoelen a
morthwyl.)* Bore 'ma, wrth borth yr eglwys, mi ddwedais
wrth Georgi Abaschwili, 'Dw i'n hoffi awyr glir', ond a
dweud y gwir mae'n well gen i felltan go dda, a honno'n
dod yn sydyn reit, o awyr glir. Ia wir, yr unig biti ydy eu
bod nhw wedi llwyddo i gael y plentyn ddiawl 'na o 'ma.
Hwnna dw i ei angen, ar fyrder. Chwiliwch drwy holl wlad
Grusinia. Ro i fil piaster amdano.

*(Edrycha Grusche o'i chwmpas yn ofalus cyn dod allan. Mae'r
tywysog tew a'r milwyr yn gadael. Clywir sŵn ceffylau eto. Mae
Grusche yn cario bwndel ac yn cerdded i gyfeiriad y prif borth.
A hithau bron â'i gyrraedd mae'n troi i edrych a yw'r plentyn
yn dal yno. Dechreua'r Canwr ganu. Saif Grusche yn hollol
lonydd.)*

Y CANWR:
    A hithau nawr rhwng drws a phorth, clywodd lais bach —
    Neu meddyliodd ei bod yn ei glywed —
    Yn galw, nid yn crio, ond yn galw'n synhwyrol,
    Dyna, o leiaf, feddyliai hi. 'Wraig,' meddai, 'helpa fi.'
    Ac aeth ymlaen, nid yn crio, ond yn galw'n synhwyrol,

'Wyddost ti, wraig, yr hwn na wrendy alwad y gwan
Ond a â heibio heb ei glywed, byth wedyn
Ni chlywa lais tyner ei anwylyd,
Na chwaith y fronfraith gyda'r wawr
Nac ochenaid bodlon gweithiwr y winllan
   pan glywa gloch yr hwyr.'
Gan glywed hyn *(aiff Grusche ychydig gamau'n nes at y
plentyn a phlygu drosto)* aeth hi'n ôl
I weld y plentyn eto. Dim ond i eistedd
Yno, am gyfnod byr, nes y deuai rhywun ato —
Ei fam efallai, neu unrhyw un.

*(Mae hi'n eistedd gyferbyn â'r plentyn, gan bwyso'n ôl yn erbyn
un o'r cistiau.)*

Dim ond nes iddi ymadael, oherwydd rhy ofnadwy
Oedd y perygl,
A'r dref yn llawn tân ac wylofain.

*(Mae'r golau'n gwanhau, fel pe bai'n nosi. Tywylla bron. Aiff
hi i mewn i'r palas i nôl lamp a llaeth, ac mae'n rhoi peth i'r
plentyn i'w yfed.)*

(Yn uchel): Ofnadwy yw cael eich hudo i wneud daioni.

*(Mae Grusche yn awr yn eistedd gyda'r plentyn, yn amlwg yn
gwylio drosto drwy'r nos. Ar un adeg goleua hi'r lamp er mwyn
ei weld yn well. Yn nes ymlaen, mae'n ei lapio'n gynnes mewn
côt o frocêd. Mae'n gwrando ac yn gwylio.)*

Eisteddodd yn hir gyda'r plentyn
Nes iddi dywyllu, nes iddi nosi,
Nes i'r wawr dorri. Eisteddodd yn rhy hir.
Gwyliodd yn rhy hir
Yr anadlu ysgafn, y dyrnau bach,
Nes ei hudo'n ormodol tua'r bore
Ac fe safodd, a phlygu, a chymryd y plentyn gan ochneidio
A'i gario ymaith.

(Gwna hi fel dywed y Canwr wrth iddo fynd drwy'r hanes.)

Fel rhywbeth wedi'i ddwyn, fe'i cymerodd ef ati.
Fel lleidr sleifiodd hi ymaith.

2   Ar ffo i fynyddoedd y gogledd

Y CANWR:
> A Grusche Vachnadze yn gadael y dref
> Gan droedio priffordd Grusinia
> Ar y ffordd i'r mynyddoedd gogleddol,
> Canodd ryw gân fach a phrynodd laeth.

CERDDORION:
> Sut gall yr un drugarog osgoi
> Y bytheiaid, y rhai sy'n gosod trap?
> I'r mynyddoedd gwag ac unig yr aeth
> Ar hyd hen ffordd filwrol.
> Canodd ryw gân fach a phrynodd laeth.

(Gwelir Grusche Vachnadze yn cerdded, a'r plentyn mewn cwdyn ar ei chefn, bwndel yn un llaw a ffon gref yn y llall.)

GRUSCHE *(yn canu)*:
> Pedwar cadfridog yn martsio am Iran
> Yn martsio am Iran.
> A'r cynta ddim am gwffio,
> Yr ail yn methu llwyddo,
> I'r trydydd fe lawiodd drwy'r prynhawn,
> I'r olaf, — wel, chwffiodd y bois ddim yn iawn.
> Pedwar cadfridog
> A'r un yn gwneud y tric.

> Sosso Robakidze
> Yn martsio am Iran.
> Mi fynnai ddal i gwffio,
> Ac felly cafodd lwyddo,
> Yr haul yn gwenu arno fo,
> Pob dyn yn ymladd fel o'i go.
> Sosso Robakidze,
> Hwnnw yw'r dyn i ni.

(Mae bwthyn syml yn dod i'r golwg.)

GRUSCHE *(wrth y plentyn)*: Mae'n ganol dydd a phawb wrth eu cinio. Rŵan 'ta, be am i ni eistedd yn ddel yn y gwair fan hyn i ddisgwyl tra bydd 'rhen Grusche yn mynd i brynu diferyn o laeth? *(Mae'n rhoi'r plentyn ar lawr ac yn mynd i guro ar ddrws y bwthyn. Daw hen wladwr i'w agor.)* Oes modd i mi gael cwpaned bach o laeth ac efallai ddarn o fara gwenith, hen ŵr?

HEN ŴR: Llaeth? Does gennym ni ddim. Mae'r milwyr o'r dre wedi mynd â'n geifr ni. Ewch i ofyn iddyn nhw.

GRUSCHE: Ond siawns nad oes gennych chi gwpaned ar gyfer plentyn?

HEN ŴR: A 'Duw'ch bendithia' yn ddiolch amdano, mae'n siŵr.

GRUSCHE: Pwy ddwedodd y fath beth? *(Mae'n tynnu'i phwrs allan.)* Dw i'n bwriadu talu'n anrhydeddus. Dydw i ddim yn dal fy mhen mor uchel nes 'i fod o i fyny yn y cymylau.

(Mae'r tyddynnwr yn nôl y llaeth dan rwgnach.)

GRUSCHE: Faint sy arna i am hwnna?

HEN ŴR: Tri piaster. Mae llaeth wedi codi.

GRUSCHE: Tri piaster am y diferyn yna? *(Mae'r hen ŵr yn cau'r drws yn glep heb ddweud gair.)* Michel, glywaist ti hynna? Tri piaster! Allwn ni ddim fforddio hynna. *(Aiff hi'n ôl ato, eistedd a rhoi'r fron iddo.)* Fe fydd yn rhaid i ni drio hyn eto. Tyrd, sugna, meddylia am y tri piaster. Does 'na ddim byd yna i ti, mi wn, ond os twylli di dy hun, mi fydd hynny'n rhywbeth. *(Gwêl nad yw'r plentyn yn trio sugno. Mae'n codi ac yn ysgwyd ei phen. Aiff 'nôl at y drws a churo.)* Hen ŵr! Agor y drws, fe dalwn ni. *(Yn ddistaw):* Gobeithio y cei di drawiad. *(Agorir y drws gan yr hen ŵr.)* Ro'n i'n meddwl mai ryw hanner piaster fydda fo'n gostio, ond fe fydd yn rhaid i mi gael peth iddo fo beth bynnag. Gymerwch chi un piaster?

HEN ŴR: Dau!

GRUSCHE: Paid â chau'r drws eto. *(Mae'n stwna'n hir yn ei phwrs.)* 'Na ni — dau. Ond rhaid i mi gael dogn go lew — digon i lenwi'i fol bach o — mae taith hir o'n blaena. Mae prisia fel 'na'n siŵr o roi'r farwol i ambell greadur tlawd. Mae'n warthus.

HEN ŴR: Lladdwch y milwyr 'ta, os ydych chi am gael llaeth.

GRUSCHE *(yn rhoi peth i'r plentyn i'w yfed):* Busnes drud ydy'r ddiod 'ma. Llynca di o bob mymryn, Michel. Mae'n

28

hanner cyflog wythnos. Mae'r bobl 'ma'n meddwl ein bod yn ennill pres wrth eistedd ar ein tinau. Wel, wel, Michel bach, rydw i wedi cymryd baich arnaf fy hun trwy ddod â thi hefo mi. *(Mae'n edrych ar y gôt brocêd sydd wedi'i lapio amdano.)* Dyma ni hefo côt brocêd werth mil piaster ac eto heb un piaster i brynu llaeth. *(Mae'n troi ac yn edrych yn ôl.)* Duwcs, mae 'na goets yn cario ffoaduriaid cyfoethog yn fan 'cw — mi fydd raid i ni gael reid hefo nhw . . .

(O flaen tafarn. Gwelir Grusche, yn gwisgo'r gôt brocêd, yn mynd i fyny at ddwy foneddiges grand. Mae'r plentyn yn ei breichiau.)

GRUSCHE: O, mae'n ymddangos eich bod chithau hefyd, foneddigesau, yn gobeithio treulio'r noson yma. Mae'n arswydus mor orlawn yw hi ym mhobman, a does dim modd dod o hyd i unrhyw fath o gerbyd chwaith. Fe drodd fy nghoetsmon i'n ôl, jyst fel 'na, ac rydw i wedi gorfod cerdded hanner milltir cyfan. A hynny'n droednoeth. Ac am yr esgidiau Persiaidd 'na oedd gen i . . . fe wyddoch amdanynt . . . yr hen sodlau hurt 'na . . . Pam ar y ddaear na ddaw rhywun?

Y WRAIG HŶN: Mae gŵr y dafarn yn cymryd ei amser yn braf. Ers yr helyntion yn y brifddinas does dim cwrteisi i'w gael yn unman yn y wlad.

(Daw hen ŵr urddasol a chanddo farf hir i'r golwg, a gwas yn ei ddilyn.)

TAFARNWR: Gobeithio'n wir, foneddigesau, y maddeuwch i hen ŵr am eich cadw i ddisgwyl. Bu fy ŵyr bach yn dangos coeden i mi, honno yn ei blodau yn fendigedig — coeden eirin gwlanog draw ar y bryn y tu draw i'r caeau corn. Mae gennym berllan fach fan 'cw — ceirios a 'ballu. I'r gorllewin *(yn pwyntio)* mae'r tir yn mynd yn garegog braidd — defaid sydd ffor'no. Ond fe ddylech chi weld y goeden eirin gwlanog 'na — mae'r pinc yn hyfryd, yn odidog.

Y WRAIG HŶN: Mae'r ardal yn un ffrwythlon.

TAFARNWR: Mae Duw wedi'n bendithio. Sut olwg sydd ar y coed ymhellach i'r de, foneddigesau? O'r de ddaethoch chi yntê?

Y WRAIG IAU: A dweud y gwir, wnes i ddim talu sylw manwl i'r wlad o gwmpas.

TAFARNWR *(yn gwrtais)*: Mi wn — y llwch. Wyddoch chi — teithio ar gyflymder cymedrol sy galla, oni bai fod dyn ar frys, wrth gwrs.

Y WRAIG HŶN: Rho'r siôl am dy wddf, cariad. Mae'r awel yn fain wrth iddi nosi.

TAFARNWR: Chwythu i lawr o rewlif Janga Tau mae o, madam.

GRUSCHE: Ia, dw innau'n ofni braidd y gallai fy mab ddal annwyd.

Y WRAIG HŶN: Mae llety helaeth yma 'n does? Beth am i ni fynd i mewn?

TAFARNWR: O, mae'r boneddigesau eisiau stafelloedd, felly? Ond mae arna i ofn bod y lle'n orlawn ac mae'r gweision wedi rhedeg i ffwrdd. Mae'n loes calon gen i, ond wir alla i gymryd neb arall i mewn, waeth pa mor barchus ydyn nhw.

Y WRAIG IAU: Dydych chi erioed am i ni dreulio'r noson allan fan hyn ar y ffordd?

Y WRAIG HŶN *(yn sych)*: Faint 'dach chi'n godi?

TAFARNWR: Foneddigesau, dw i'n siŵr eich bod yn deall, yn y dyddiau blin yma, a chymaint o ffoaduriaid — pobl ddigon parchus, am wn i, ond nad ydyn nhw'n gymeradwy gan yr awdurdodau — yn chwilio am loches, mae'n rhaid i bob gwesty fod yn arbennig o ofalus. Felly . . .

Y WRAIG HŶN: Ddyn annwyl, nid ffoaduriaid mohonom. Rydyn ni ar ein ffordd i'n tŷ haf yn y mynyddoedd, dyna'r cyfan. Fydden ni byth yn meddwl am hawlio llety tasen ni mewn cyfyngder.

TAFARNWR *(yn nodio'i ben)*: Dw i'n amau dim. Ond ar y llaw arall, dw i *yn* amau a fydd y stafell bitw bach sydd gen i i'w chynnig i chi yn plesio. Rhaid i mi ofyn trigain piaster yr un. Ydych chi i gyd hefo'ch gilydd?

GRUSCHE: Ydym, mewn ffordd. Mae arna innau angen lle hefyd.

Y WRAIG IAU: Trigain piaster? Mae hynny'n grocbris!

TAFARNWR *(yn oeraidd)*: Foneddigesau, dydw i ddim yn

dymuno crogi neb, felly . . . *(Mae'n troi i fynd.)*

Y WRAIG IAU *(wedi cynhyrfu)*: Cant a phedwar ugain am un stafell! *(Mae'n edrych ar Grusche.)* Ond mi fyddai'n amhosibl rhannu hefo babi hefyd. Be petai o'n crio?

TAFARNWR: Cant a phedwar ugain yw pris y stafell, boed rhwng dwy neu rhwng tair.

Y WRAIG IAU *(wrth Grusche, yn newid ei chân)*: Ar y llaw arall, hoffwn i ddim meddwl amdanoch chi allan ar y ffordd, 'nghariad i. Dewch 'ta.

(Ânt i mewn. Daw'r gwas i'r golwg ar ochr draw'r llwyfan yn cario paciau. Y tu ôl iddo daw'r hen wraig, wedyn y wraig ifanc, wedyn Grusche a'r plentyn.)

Y WRAIG IAU: Cant a phedwar ugain piaster! Dw i ddim wedi gwylltio cymaint er pan ddaethon nhw ag Igor druan adre.

Y WRAIG HŶN: Oes raid i ti sôn am Igor?

Y WRAIG IAU: A dweud y gwir, mae 'na bedwar ohonon ni — mae'r plentyn yn berson 'n tydy? *(Wrth Grusche)*: Fasech chi'n medru talu hanner y gost, tybed?

GRUSCHE: Amhosibl. 'Dach chi'n gweld, roedd yn rhaid i mi adael ar frys ac fe anghofiodd y cyrnol roi fawr o bres i mi.

Y WRAIG HŶN: Does gennych chi mo'r trigain chwaith?

GRUSCHE: O, fe dala i hynny.

Y WRAIG IAU: Ble mae'r gwelyau?

GWAS: Does 'na ddim *gwelyau* fel y cyfryw. Mae 'na flancedi yma, a sachau. Cewch roi trefn ar y lle eich hunain. Byddwch yn ddiolchgar na fyddwch yn gorwedd mewn ffos fel llawer un arall. *(Exit.)*

Y WRAIG IAU: Glywaist ti hynna? Dw i'n mynd yn syth at y tafarnwr. Rhaid i'r boi yna gael ei chwipio.

Y WRAIG HŶN: Fel y cafodd dy ŵr di?

Y WRAIG IAU: O, dyna beth hyll i'w ddweud! *(Mae'n crio.)*

Y WRAIG HŶN: Sut awn ni ati i wneud y gwely 'ma?

GRUSCHE: Fe wna i hynny yn ddigon handi. *(Mae'n rhoi'r plentyn i lawr.)* Fyddwn ni fawr o dro os gwnaiff pawb roi help llaw . . . Mae coets gennych chi o hyd. *(Mae'n sgubo'r llawr.)* Ges i ormod o sioc i fedru trefnu'n iawn. 'Annwyl

Anastasia Katarinowska,' meddai fy ngŵr wrthyf cyn cinio, 'dos i orwedd am ychydig; rwyt ti'n cael migren mor hawdd.' *(Mae'n llusgo sachau ac yn cymennu tra bod y lleill yn ei gwylio ac yn edrych ar ei gilydd.)* 'Georgi,' meddwn innau wrth y rhaglaw, 'sut alla i roi 'mhen i lawr am eiliad a ninnau'n disgwyl trigain i ginio? Does dim modd dibynnu ar y gweision; a wnaiff Michel Georgiwitsch fwyta dim hebddo i.' *(Wrth y plentyn)*: Weli di, Michel, 'dan ni'n dechrau cael trefn arni. *(Sylwa'n sydyn fod y ddwy'n ei gwylio'n od ac yn sibrwd.)* Reit, o leiaf fydd dim rhaid gorwedd ar y llawr noeth. Fe blygais bob carthen yn ddwbl.

Y WRAIG HŶN *(yn awdurdodol)*: 'Dach chi'n edrych fel taech chi'n gyfarwydd â gwneud gwelyau, 'nghariad i. Gadewch i mi weld eich dwylo chi!

GRUSCHE *(mewn dychryn)*: Be 'dach chi'n feddwl?

Y WRAIG IAU: Dangoswch eich dwylo.

(Dengys Grusche ei dwylo iddi.)

Y WRAIG IAU *(yn fuddugoliaethus)*: Ôl gwaith. Morwyn!

Y WRAIG HŶN *(yn mynd at y drws ac yn gweiddi am y gwas)*: Hei!

Y WRAIG IAU: Rwyt ti wedi cael dy ddal yn twyllo. Waeth i ti gyfadde ddim — beth oedd dy gynllwyn di?

GRUSCHE: Dim byd drwg, wir. Meddwl ella y buaswn i'n cael lifft ar y goets hefo chi, am beth o'r ffordd. Plîs, peidiwch â chreu stŵr. Fe af i . . .

Y WRAIG IAU *(tra bo'r llall yn dal i weiddi am y gwas)*: O, gwnei, fe ei di. Hefo'r heddlu. Ond fe gei aros yn union lle'r wyt ti am y tro. Paid ti â symud *cam*.

GRUSCHE: Ond roeddwn i am dalu'r trigain piaster. *(Mae'n dangos ei phwrs.)* Drychwch, maen nhw gen i — pedwar darn deg ac mae 'na ddarn pump yn fan 'na, na, darn deg ydy hwnna hefyd, dyna ni — trigain. 'Mond eisiau cael mynd ar y goets hefo'r plentyn oeddwn i . . . wir.

Y WRAIG IAU: Yn wir? Ar ein coets ni?

GRUSCHE: Meistres, dw i'n cyfadde. Merch ddigon cyffredin ydw i. Plîs, peidiwch â galw'r heddlu — mae'r plentyn yn un o dras. Drychwch ar ei ddillad o. Mae yntau ar ffo, fel chithau.

Y WRAIG IAU: O dras, wir! Rydyn ni wedi clywed honna o'r blaen. Ei dad yn dywysog, mae'n debyg!

GRUSCHE *(yn wyllt, wrth y llall)*: Sssssshh, ssssshh, does gennych chi ddim calon o gwbl?

Y WRAIG IAU *(wrth ei chyfeilles)*: Gwylia! Fe wnaiff hi rywbeth i ti — mae hi'n beryg. Help! Mwrdwr!

GWAS *(yn dod)*: Be sy rŵan 'ta?

Y WRAIG HŶN: Mae'r person yma wedi sleifio'i ffordd i mewn gan honni bod yn foneddiges. Lleidr ydy hi, mae'n siŵr.

Y WRAIG IAU: Ac un beryg hefyd. Am ein lladd ni, siŵr o fod. Mae hwn yn achos i'r heddlu. O diar, dw i'n teimlo migren yn dod.

GWAS: *Does* dim heddlu y funud 'ma. *(Wrth Grusche)*: Pacia dy bethau 'rhen chwaer a diflanna gora gelli di.

GRUSCHE *(yn codi'r plentyn, yn flin)*: Mae pennau taclau fel chi i'w gweld ar flaenau picellau yn barod — a chithau'n dysgu dim.

GWAS *(gan ei gwthio allan)*: Cau dy glep, wnei di, neu fe ddaw'r giaffar. A dydy o'n cymryd dim lol.

Y WRAIG HŶN *(wrth yr un ifanc)*: Drycha rhag ofn ei bod hi wedi dwyn rhywbeth.

(Mae'r ddwy'n chwilio'u paciau'n wyllt ar y dde; â Grusche a'r gwas allan ar y chwith.)

GWAS: Edrycha di'n fwy gofalus ar y bobl y tro nesa. Paid ag ymuno â neb heb fod yn siŵr ohonyn nhw.

GRUSCHE: Ro'n i'n meddwl y byddai pobl fel 'na yn trin eu siort eu hunain, o leiaf, yn anrhydeddus.

GWAS: Dim gobaith. A choelia di fi — does dim byd anoddach na dynwared pobl ddiog, ddi-werth. Taen nhw'n amau am eiliad dy fod ti'n ddigon 'tebol i sychu dy din dy hun neu wneud unrhyw strôc o waith go iawn, mae hi ar ben arnat ti. Aros eiliad rŵan, mi ddo i â thorth fach ac ychydig o 'fala i ti.

GRUSCHE: Gwell peidio. Mi a' i cyn i'r tafarnwr ddod yn ôl.

Taswn i'n cerdded drwy'r nos mi fuaswn y tu hwnt i afael
perygl, dw i'n siŵr.

GWAS *(yn galw'n isel ar ei hôl)*: Cadwa i'r dde ar y groesffordd
nesaf.

(Mae Grusche yn diflannu.)

Y CANWR:

Fel roedd Grusche Vachnadze yn ei throedio hi am y
gogledd
Roedd Helmau Duon y tywysog Kazbeki yn ei dilyn.

CERDDORION:

Sut gall y ferch droednoeth osgoi'r bytheiaid,
Y milwyr, y rhai sy'n gosod trap?
Drwy'r nos maen nhw'n dilyn, yn erlid,
Heb arwydd o flinder. Prin chwap
Y cysga'r rhai sy'n lladd.

(Mae dau o'r Helmau Duon yn trotian ar droed ar hyd y ffordd.)

CORPORAL: Y penrwdan, wnei di ddim byd ohoni. A hynny am
nad ydy dy galon di yn y job. Mae'r rhai uwch eu statws
na thi yn sylwi ar fanion . . . Tra oeddwn i wrthi yn torri'n
chwant hefo'r hen bladres dew 'na echdoe, er enghraifft,
— dw i'n gwybod dy fod ti wedi dal y gŵr fel dwedais i
a'i gicio fo yn ei gylla, ond wnest ti mono fo hefo arddeliad.
Wnest ti mono fel tasat ti'n uffar cas ac yn mwynhau
gwneud, ond jyst i fod yn barchus ufudd . . . Ro'n i'n dy
wylio di, penrwdan. Rwyt ti fel gwelltyn gwag, neu symbal
yn tincian. Chei di byth ddyrchafiad, 'sti. *(Ânt ymhellach.)*
A phaid ti â meddwl nad ydw i'n sylwi mor amharod
wyt ti i blygu i'r drefn . . . A dw i'n gwahardd i ti hercian!
Ti 'mond yn gwneud hynna eto am fy mod i wedi gwerthu'r
ceffylau — ond, wir i ti, fasan ni byth yn cael cynnig y fath
bris eto. Wrth hercian fel 'na, ti'n trio awgrymu i mi nad
wyt ti'n hoffi cerdded — dw i'n dy nabod di. Ond waeth
i ti heb — dydy o'n gwneud dim lles i ti. Rŵan, canwch!

DAU O'R HELMAU DUON:

A minnau'n mynd yn drist i'r gad,
Rhaid oedd gadael f'anwylyd i ymladd y brad.
A'm ffrindiau i'w gwarchod rhag trais a rhag amarch.
Nes im ddod yn llawen o'r rhyfel eto i'w chyfarch.

CORPORAL: Uwch!

DAU O'R HELMAU DUON:

A minnau'n gorwedd yn y gro
Daw 'nghariad â'i dyrnaid o bridd yn ei thro
Gan ddweud, 'Yma'r traed redodd ata i gan neidio
Ac yma y breichiau a fu'n fy nghofleidio'.

(Ânt ymlaen am ysbaid heb ddweud gair.)

CORPORAL: Mae milwr da yn filwr gorff ac enaid. Mi gym'rith ei ddarnio dros ei well. Â'i lygaid ar fin cau, fe wêl y corporal yn nodio cymeradwyaeth — a bydd hynny'n wobr ddigonol iddo. Ond fydd 'na neb yn nodio arnat ti, ac fe fydd yn rhaid i ti farw 'run fath. Argol, sut uffern dw i i fod i ddod o hyd i fastard bach y rhaglaw ddiawl 'na hefo 'mond rhyw lipryn di-lun fel ti'n helpu?

(Ymlaen â nhw.)

Y CANWR:

Pan ddaeth Grusche Vachnadze at afon Sirra
Roedd y ffoi yn drech na hi, a'r truan bach rhy drwm.

CERDDORION:

Mae'r wawr binc hyfryd yn y caeau corn
Yn oer digysur i'r sawl fu allan drwy'r nos.
Ei bygwth gaiff gan dincial llawen caniau llaeth y tyddyn,
Mae'r mwg yn codi'n braf.
Baich arni yw'r plentyn.

(Saif Grusche o flaen ffermdy.)

GRUSCHE: Ti 'di gwlychu eto rŵan, a ti'n gwybod nad oes gen i glwt i ti. Michel, fe fydd yn *rhaid* i ni wahanu. Mae fan hyn yn ddigon pell o'r dref. Fyddan nhw byth mor awyddus i dy ddal di, yr hen drychfil bach annwyl, i ddod cyn belled â hyn i chwilio amdanat. Mae'n siŵr y bydd gwraig y fferm yn un glên, a chlyw arogl llaeth sy 'ma. Da bot ti, Michel. Fe wna i drio anghofio sut y buost ti'n fy nghicio yn fy nghefn drwy'r nos er mwyn i mi ddal ati i fynd, ac fe gei dithau anghofio mor brin oedd y bwyd — roeddwn i'n gwneud fy ngore 'sti. Mi fuaswn i'n hoffi dy gadw di'n hirach, ti a dy drwyn bach smwt, ond fedra i ddim. Mi fuaswn wedi dangos sgyfarnog cynta'r gwanwyn i ti . . . paid ti â gwlychu eto, rŵan . . . ond rhaid i mi droi'n ôl.

35

Achos fe ddaw 'nghariad, y milwr, yn ôl reit fuan, a beth petawn i ddim yno? Elli di ddim disgwyl i mi beidio â bod yno, Michel.

(Daw ffermwraig dew yn cario jygaid o laeth i mewn drwy ddrws y tŷ. Mae Grusche yn aros iddi gau'r drws ac yna'n sleifio'n ofalus at y drws ac yn rhoi'r plentyn i lawr ar y stepan. Aiff i guddio y tu ôl i goeden i wylio nes daw'r wraig allan eto a chanfod y bwndel.)

FFERMWRAIG: Bobol annwyl, be 'dy hyn? 'Ngŵr, tyrd yma!

FFERMWR: Be sy rŵan? Gad lonydd i mi fwyta 'nghawl.

FFERMWRAIG *(wrth y plentyn)*: Lle mae dy fam di, 'ta? Sgen ti'r un? Bachgen ydy o. A dyna ddillad crand sy ganddo. Mae hwn yn siŵr o fod yn blentyn o dras. A rhywun jyst wedi'i adael o . . . Oes ryfedd yw hon!

FFERMWR: Os ydyn nhw'n disgwyl i ni ei fwydo, maen nhw'n gwneud coblyn o gamgymeriad. Gei di fynd â fo i lawr i'r pentre at yr offeiriad. A dyna ddiwedd arni.

FFERMWRAIG: Be wnâi'r offeiriad â fo? *Mam* mae'r creadur ei angen. Yli. Mae'n deffro. Ti ddim yn credu y gallen ni ei gadw fo?

FFERMWR *(yn gweiddi)*: Nac 'dw.

FFERMWRAIG: Tawn i'n ei roi i gysgu yn y gornel wrth y gadair freichiau — dim ond basged faswn i ei angen — ac fe allwn fynd â fo i'r caeau hefo fi. Yli gwenu mae o. Ddyn annwyl, mae gennym ni do uwch ein pennau. Fe wnawn ni. Dw i ddim eisiau clywed gair arall.

(Mae hi'n ei gario i mewn i'r tŷ a'r gŵr yn ei dilyn dan rwgnach. Daw Grusche o'i chuddfan, chwerthin a brysio ymaith ar hyd y ffordd y daethai arni.)

Y CANWR: Pam mor llawen, a thithau'n ei throi am adre?

CERDDORION:
Am fod yr amddifad bach wedi gwenu ar rieni newydd
Rydw i'n llawen;
Am i mi fod yn rhydd o'r hen gariad bach
Rydw i'n hapus.

Y CANWR:
Paham yn drist?

36

CERDDORION:
Am fy mod yn rhydd a sengl,
Rydw i'n drist;
Fel un sy wedi colli rhywbeth
Ac yn dlotach o'r herwydd.

(Ychydig iawn o ffordd aiff Grusche cyn cyfarfod â dau o'r Helmau Duon, yn dal picelli o'u blaenau.)

CORPORAL: Forwyn ifanc, rwyt ti wedi taro ar y fyddin. O ble'r wyt ti'n dod? Pa bryd wyt ti'n dod? Sgen ti gysylltiadau annerbyniol â'r gelyn? Lle mae o? Sut symudiadau mae o'n wneud y tu ôl i ti? Sut mae pethau yn y bryniau? A sut mae pethau yn y dyffrynnoedd? A sut mae'r sanau 'na'n cael eu dal i fyny?

GRUSCHE *(yn sefyll yn stond, mewn dychryn)*: Maen nhw'n cael eu dal yn ddigon cadarn. Byddai'n well i chi dynnu'n ôl.

CORPORAL: O, mi fydda i wastad yn tynnu'n ôl mewn pryd. Elli di ddibynnu arna i. Pam wyt ti'n edrych fel 'na ar fy mhidl—, fy mhicell i? 'Ni chaniateir i filwr ar faes y gad ollwng ei erfyn o'i afael am eiliad' — mae hynna'n rheol. Dysga fo ar dy go, benrwdan. Rŵan 'ta, fy morwyn ffein i, lle ti'n mynd?

GRUSCHE: Mynd at fy nyweddi, syr, Simon Chachava sy hefo gwarchodlu'r palas yn Nukha. A phan glywith o'r hanes yma fe dorrith bob asgwrn yn eich corff.

CORPORAL: O, Simon Chachava, wrth gwrs, nabod o'n iawn. Fe roddodd o'r goriad i mi, er mwyn i mi gael picio i mewn o bryd i'w gilydd i weld dy fod ti'n iawn. Penrwdan, 'dan ni ddim yn ffefrynnau hefo hon. Well gwneud yn glir iddi fod ein perwyl yn un digon parchus. Forwyn ifanc, rydw i'n ddyn reit stedi, ond yn ei guddio trwy geisio bod yn wamal. A dyma ddweud wrthyt ti rŵan yn swyddogol — dw i eisiau plentyn gen ti.

(Mae Grusche yn gwneud sŵn bach ofnus.)

CORPORAL: Wel, benrwdan, mae hi wedi'n deall ni. Dyna ias fach bleserus. 'O, syr, uchel-swyddog, rhaid i mi fynd i dynnu'r pwdin o'r popty gyntaf'; 'O, cyrnol, rhaid i mi newid o'r hen ddilledyn blêr 'ma'. Na, dim pryfocio rŵan, na, dim pryfocio . . . Rydyn ni'n chwilio am blentyn neilltuol yn yr ardal yma. Wyt ti wedi clywed am un — un o dras, a dillad del ganddo a 'ballu?

GRUSCHE: Na, chlywais i ddim.

Y CANWR:
Rhed, 'rhen hogan, mae'r llofrudd yn dod.
Hen hogan glên, helpa'r diniweityn! . . .
A dyma hi'n rhedeg . . .

(Mae hi'n troi'n sydyn, wedi dychryn, ac yn rhedeg yn wyllt yn ei hôl. Edrycha'r Helmau Duon ar ei gilydd a rhedeg ar ei hôl, yn diawlio.)

CERDDORION:
Yn y cyfnodau mwyaf blin mae pobl garedig yn byw.

(Yn y ffermdy mae'r wraig yn plygu dros y plentyn yn ei fasged pan ruthra Grusche i mewn.)

GRUSCHE: Cuddiwch o ar unwaith! Mae'r Helmau Duon yn dod! Fi adawodd o ar y stepan ond nid fi pia fo — plentyn i fyddigions ydy o.

FFERMWRAIG: Pwy sy'n dod? Pa Helmau Duon?

GRUSCHE: Peidiwch â gwastraffu amser. Y rhai sy'n chwilio amdano fo.

FFERMWRAIG: Does ganddyn nhw ddim achos i ddod i 'nhŷ i. Ond fe fydd yn rhaid i mi gael gair hefo ti, dw i'n gweld.

GRUSCHE: Rhaid tynnu'r dillad bach del 'na oddi amdano fo. Byddant yn ein bradychu.

FFERMWRAIG: Sdim ots gen i am y dillad. *Fi* sy'n rhoi'r ddeddf i lawr yn y tŷ yma, a phaid ti â gwneud llanast yn y stafell 'ma. Be wnaeth i ti ei adael o fel 'na? Roedd o'n beth ofnadwy i'w wneud.

GRUSCHE *(yn edrych drwy'r ffenestr)*: Dyma nhw'n dod rŵan o'r tu ôl i'r goedwig 'na. Ddylwn i ddim bod wedi rhedeg i ffwrdd — mae hynny wedi'u gwylltio nhw. Be wna i rŵan?

FFERMWRAIG *(yn edrych allan 'run modd ac yn dychryn)*: Bobol bach! Helmau Duon.

GRUSCHE: Ar ôl y plentyn maen nhw.

FFERMWRAIG: Be tasan nhw'n dod i mewn?

GRUSCHE: *Fiw* i ti ei roi o iddyn nhw. Dwêd mai ti pia fo.

FFERMWRAIG: Iawn.

GRUSCHE: Cofia — mi rôn nhw bicell drwyddo fo os rhoi di o iddyn nhw.

FFERMWRAIG: Ond be tasan nhw'n mynnu? Mae pres y cynhaea yn y tŷ gen i.

GRUSCHE: Os rhoi di o iddyn nhw, fe rôn nhw bicell reit drwyddo fo, reit fan hyn. Rhaid i ti ddweud mai dy blentyn di ydy o.

FFERMWRAIG: Iawn. Ond be taen nhw ddim yn fy nghoelio?

GRUSCHE: Rhaid i ti siarad hefo arddeliad.

FFERMWRAIG: Fe losgan y tŷ am ein pennau ni.

GRUSCHE: Dyna pam mae'n bwysig dweud mai ti pia fo. Michel ydy'i enw fo . . . o, ddylwn i ddim bod wedi dweud hynna. *(Mae'r ffermwraig yn nodio.)* A phaid â nodio fel 'na o hyd. A phaid â chrynu — maen nhw'n siŵr o sylwi.

FFERMWRAIG: Iawn.

GRUSCHE: A dyna ddigon o'r 'iawn' 'na. Dw i wedi cael llond bol arno — mae'n mynd dan fy nghroen i. *(Mae'n ei hysgwyd.)* Sgen ti blentyn dy hun?

FFERMWRAIG *(yn mwmian)*: Yn y rhyfel.

GRUSCHE: Wel, efallai'i fod *o*'n un o'r Helmau Duon. Tybed fasa fo'n rhoi picell drwy blant bach? Mi faset yn siŵr o roi llond ceg iddo, 'n baset? 'Rho'r gore i chwifio'r bicell 'na yn fy mharlwr i . . . dangosa sut y cest ti dy fagu . . . a golcha dy wddw'n iawn cyn dod i siarad hefo dy fam.'

FFERMWRAIG: Mae hynna'n wir. Faswn i ddim yn caniatáu iddo fo wneud y fath beth.

GRUSCHE: Gaddo i mi rŵan 'ta y byddi di'n dweud wrthyn nhw mai ti pia fo.

FFERMWRAIG: Iawn.

GRUSCHE: Dyma nhw rŵan.

(Clywir curo ar y drws. Dyw'r merched ddim yn ateb. Daw'r milwyr i mewn. Mae'r ffermwraig yn rhoi cyrtsi isel.)

CORPORAL: Dyna hi. Be ddwedais i? Gen i drwyn am ferched.

Reit, cwestiwn i ti, 'merch i . . . Beth wnaeth i ti redeg i ffwrdd? Be ti'n feddwl o'n i am wneud? Rhywbeth anweddus, mi wranta. Tyrd, cyfaddefa.

GRUSCHE *(tra bo'r ffermwraig yn dal i roi cyrtsi)*: Mi gofiais yn sydyn 'mod i wedi gadael y llaeth ar y tân.

CORPORAL: Duwcs, a finnau'n meddwl dy fod *ti*'n meddwl 'mod i wedi edrych arnat ti braidd yn hy. Fel taswn i'n disgwyl i berthynas ddatblygu rhyngom ni'n dau. Rhyw edrychiad trachwantus, os wyt ti'n dallt be sgen i.

GRUSCHE: Wnes i ddim sylwi ar ddim byd felly.

CORPORAL: Ond mi *allai* fod wedi bod yn edrychiad felly. Rhaid i ti gyfadde hynny. Allwn i fod yn rêl mochyn o ddyn ... Reit, gad i mi fod yn hollol agored hefo ti. Mi allwn i ddychmygu pob math o bethau 'taen ni ar ein pennau'n hunain. *(Wrth y ffermwraig)*: Sgen ti ddim gwaith i'w wneud y tu allan? Bwydo'r ieir neu rywbeth?

FFERMWRAIG *(ar ei gliniau)*: O, wir i chi, syr. Wyddwn i ddim. Plîs peidiwch â llosgi'r lle i lawr!

CORPORAL: Be ti'n rwdlan?

FFERMWRAIG: Does a wnelo fi ddim â fo, wir yr, Mistar Milwr, syr. Hi adawodd o ar y stepan. Ar fy llw.

CORPORAL *(yn gweld y baban ac yn chwibanu'n isel)*: Wel, ar fy llw, mae 'na ryw greadur bach yn y fasged, Penrwdan; mae 'na ogla mil piaster fan hyn. Dos â'r hen wraig 'na allan a dal d'afael ynddi. Gen i rywun i'w chroesholi, dw i'n meddwl.

(Mae'r wraig yn cymryd ei hebrwng allan gan y milwr arall heb air o brotest.)

CORPORAL: Dyma fo felly, y babi o'n i am ei gael gen ti.

(Aiff at y fasged.)

GRUSCHE: Syr, uchel-swyddog, fi pia fo. Nid hwn yw'r un 'dach chi'n chwilio amdano.

CORPORAL: Mi drycha i arno fo fy hun.

(Mae'n plygu dros y crud. Edrycha Grusche o'i chwmpas yn wyllt.)

GRUSCHE: Fi pia fo! Fi! Fi! Fi!

CORPORAL: Mmm, dillad crand . . .

(Mae Grusche yn rhuthro amdano, i'w dynnu oddi wrth y fasged. Mae e'n ei thaflu hi i ffwrdd ac yn plygu dros y fasged eto. Mae Grusche yn edrych o'i chwmpas yn wyllt ac yn canfod boncyff praff; mae'n ei godi, yn mynd y tu ôl i'r dyn ac yn ei daro ar ei ben. Syrthia ef i'r llawr. Cydia hi yn y babi a rhedeg allan.)

Y CANWR:
> Ar ffo oddi wrth y milwyr
> Teithio wnaeth am ddau ddiwrnod ar hugain.
> Wrth rewlif y Janga-Tau
> Bu i Grusche Vachnadze fabwysiadu'r bychan.

CERDDORION:
> Cymerodd y druan ddiamddiffyn y bychan diamddiffyn
> i'w fabwysiadu.

(Gwyra Grusche dros y nant rewllyd a chodi dŵr i'r plentyn yng nghledr ei llaw.)

GRUSCHE:
> Nid oes neb a'th gymer di,
> Felly fe'th gymeraf.
> Blwyddyn lom o ddyddiau'r fall.
> Rhaid i ti, gan nad oes neb arall,
> Fodloni arnaf fi.
>
> Gan i mi dy lusgo cyhyd,
> Fi, â 'nhraed briwedig,
> Gan i'r llaeth fod mor ddrud,
> Doist yn annwyl i mi.
> (Alla i ddim bod hebot.)
> Ymaith â'th goban wych,
> Lapiaf di mewn carpia,
> Golchaf a bedyddiaf di
> Yn nŵr y rhewlif iasoer.
> (Rhaid i ti ei ddiodda.)

(Mae'n tynnu dillad gwych y baban ac yn ei lapio mewn carpiau.)

Y CANWR:
> Roedd Helmau Duon ar ei hôl. At y bont sy'n arwain
> Dros y rhewlif i'r pentrefi draw tu hwnt y daeth hi.
> Bu raid iddi ganu am y bont bydredig a mentro'r ddau
>   fywyd.

(Mae wedi codi gwynt. Daw pont i'r golwg yn y gwyll. Gan fod

41

un o'r rhaffau wedi torri mae'r bont yn crogi uwch y dibyn yn gam. Mae marsiandïwyr — dau ŵr ac un ddynes — yn sefyll yn ansicr ger y bont pan gyrhaedda Grusche a'r plentyn. Mae un dyn yn ceisio cydio yn y rhaff sy'n rhydd â pholyn hir.)

DYN CYNTAF: Waeth i chi heb â rhuthro, wraig ifanc. Does dim modd croesi dros y bwlch beth bynnag.

GRUSCHE: Ond rhaid i mi fynd â'r plentyn i dŷ fy mrawd sy'n byw ar yr ochr ddwyreiniol.

GWRAIG: Rhaid? Be ydy *rhaid*? Rhaid i mi fynd hefyd achos rhaid i mi fynd i Atum i brynu dau garped y mae'n rhaid i ryw ddynes eu gwerthu oherwydd bu raid i'w gŵr farw. Ia wir, 'ngeneth i. Ond oes gobaith y cawn ni wneud be sy raid? Mae Andrej yn sgota am y rhaff yna ers dwyawr yn barod, a hyd yn oed tasa fo'n llwyddo i gael gafael ynddi mi hoffwn i wybod sut ydyn ni am ei chlymu'n sownd.

DYN CYNTAF *(yn gwrando)*: Sssh! Roeddwn i'n meddwl 'mod i'n clywed rhywbeth.

GRUSCHE *(yn uchel)*: Dydy'r bont ddim wedi pydru'n gyfan gwbl. Dw i'n meddwl y gwna i drio croesi.

GWRAIG: Faswn i ddim yn mentro tasa'r diafol ei hun ar fy ôl i. Hunanladdiad fasa fo.

DYN CYNTAF *(yn gweiddi)*: Heloooooo!

GRUSCHE: Peidiwch â gweiddi. *(Wrth y wraig)*: Dywedwch wrtho fo am beidio â gweiddi.

DYN CYNTAF: Ond mae 'na rywun yn gweiddi lawr fan'na. Efallai'u bod nhw wedi colli'r ffordd.

GWRAIG: A pham na ddylai o weiddi? Be sy haru ti? Oes rhywun ar d'ôl di?

GRUSCHE: Well i mi ddweud — mae'r Helmau Duon ar f'ôl i. Mi drewais un ohonyn nhw i lawr.

AIL DDYN: Cuddiwch y stwff!

(Mae'r wraig yn cuddio sach y tu ôl i graig.)

DYN CYNTAF: Pam na ddwedaist ti yn syth bin? *(Wrth y lleill)*: Os cân nhw afael arni, fe malan nhw hi'n rhacs.

GRUSCHE: Ewch o'r ffordd 'ta. Rhaid i mi groesi'r bont.

AIL DDYN: Elli di byth. Mae 'na ddwy fil o droedfeddi o ddibyn.

DYN CYNTAF: Hyd yn oed tasan ni'n cael gafael ar y rhaff does fawr o ddiben. Gallen ni ei dal i ti hefo'n dwylo, ond wedyn fe allen nhwythau groesi 'run modd.

GRUSCHE: O'r ffordd.

(Lleisiau o'r pellter: 'Fyny ffordd 'ma'.)

GWRAIG: Maen nhw'n eitha agos. Ond chei di ddim mynd â'r plentyn 'na ar y bont. Mae hi bron yn siŵr o dorri. A sbia i lawr . . .

(Mae Grusche yn edrych i lawr. Mae lleisiau'r Helmau Duon i'w clywed eto.)

AIL DDYN: Dwy fil o droedfeddi.

GRUSCHE: Ond mae'r rheina'n waeth.

DYN CYNTAF: Ond elli di ddim, ddim hefo'r plentyn. Mi elli di fentro dy fywyd dy hun os ydyn nhw ar d'ôl di, ond nid bywyd y plentyn.

AIL DDYN: A beth bynnag, mae'n anoddach hefo'r plentyn.

GWRAIG: Efallai fod *wir raid* iddi fentro. Rho fo i mi. Fe guddia i o a chroesa di'r bont ar dy ben dy hun.

GRUSCHE: Na wna i, rydyn ni hefo'n gilydd.
    (Wrth y plentyn):
    Cadw hefo'n gilydd, crogi hefo'n gilydd,
    Dwfn yw'r dibyn, fy mab.
    Bregus yw'r bont
    Ond nid ni, fy mab,
    Sy'n dewis ein hynt.

    Rhaid it ddilyn y ffordd
    Rwy'n ei dewis i ti.
    Rhaid it fwyta'r dorth
    Sy gen i i ti.

    Rhaid rhannu'r briwsion —
    Cei dithau siâr go hael
    Ond amau ydw innau
    'I fod o'n siâr o blatiad gwael.

    Dw i am ei mentro hi.

GWRAIG: Herio rhagluniaeth ydy peth fel 'na.

(Clywir lleisiau islaw.)

GRUSCHE: Plîs, rwy'n erfyn arnoch chi — taflwch y polyn 'na ymaith neu fe allan nhwtha'i ddefnyddio fo i gydio yn y rhaff, a dod ar f'ôl i.

(Cama ymlaen ar y bont sigledig. Mae'r wraig yn rhoi gwich o fraw pan ymddengys y gallai'r bont fod ar fin torri. Ond aiff Grusche ymlaen a chyrraedd yr ochr draw.)

DYN CYNTAF: Mae hi wedi llwyddo!

GWRAIG *(ar ei gliniau, wedi bod yn gweddïo; yn awr yn flin)*: Ond mae herio rhagluniaeth fel 'na yn bechadurus.

(Mae'r ddau filwr yn cyrraedd y fan. Mae gan y Corporal rwymyn am ei ben.)

CORPORAL: Welsoch chi ddynes hefo plentyn?

DYN CYNTAF *(tra bo'r ail yn taflu'r polyn dros y dibyn)*: Do. Dacw hi. Ond ddalith y bont monoch chi.

CORPORAL: Penrwdan, fe dali di am hyn.

(Mae Grusche ar yr ochr draw yn chwerthin ac yn dangos y plentyn iddyn nhw. Yna aiff yn ei blaen. Mae'r bont heb ddymchwel. Gwynt.)

GRUSCHE *(yn edrych ar Michel)*: Rhaid i ti beidio ag ofni'r gwynt — 'rhen greadur druan â fo. Mae'n gorfod gwthio'r cymylau i gyd o gwmpas, ac yntau'n fferru fwy na neb. *(Dechreua fwrw eira.)* Ac nid yr eira yw'r peth gwaetha chwaith, Michel; rhaid iddo roi cwrlid am y pinwydd rhag iddyn nhw farw o oerfel yn y gaeaf. Fe gana i ti rŵan. Gwranda.

Lleidr yw dy dad,
Putain yw dy fam,
Ond i ti daw i dalu gwrogaeth
Ddynion dilychwin, di-nam.

Daw cenau'r teigr
I fwydo'r ceffylau,
Daw'r neidr ifanc
Â llaeth i'r mamau.

3   Ym mynyddoedd y gogledd

Y CANWR:

    Crwydrodd y chwaer am saith niwrnod cyfan.
    Dros y rhewlif, i lawr y llethrau yr aeth.
    Pan af i mewn i dŷ fy mrawd, meddyliodd,
    Fe'm cwyd a'm cofleidio,
    Gan ddweud, 'Fe ddaethost, annwyl chwaer?
    Bu'r disgwyl amdanat yn hir. Wele fy ngwraig hoff,
    A dyma'r fferm a gefais wrth ei phriodi —
    Un ceffyl ar ddeg ac ugain mwy o wartheg.
    Eistedda, eistedda gyda'th blentyn wrth y ford.'
    Safai tŷ'r brawd mewn dyffryn braf.
    Pan ddaeth y chwaer i dŷ'r brawd, roedd yn wael
      wedi'r daith.
    Cododd y brawd o'i sedd wrth y bwrdd.

(Cwpwl tew, ffermwr a'i wraig, sydd newydd eistedd wrth y bwrdd. Mae gan Lavrenti Vachnadze napcyn am ei wddf yn barod. Daw Grusche i mewn, yn welw iawn, yn pwyso ar y gwas ac yn cario'r plentyn.)

LAVRENTI: O ble y doi di, Grusche?

GRUSCHE *(yn wan)*: Dros Fwlch y Janga-Tau, Lavrenti.

GWAS: Dois o hyd iddi wrth y sgubor. Mae plentyn bach ganddi hefyd.

Y CHWAER-YNG-NGHYFRAITH: Dos di i frwsio'r ceffyl golau.

(Aiff y gwas.)

LAVRENTI: Fy ngwraig, Aniko, yw hon.

Y CHWAER-YNG-NGHYFRAITH: Roedden ni'n meddwl dy fod ti'n gweini yn Nukha.

GRUSCHE *(prin yn gallu sefyll)*: Oeddwn, yr oeddwn i.

Y CHWAER-YNG-NGHYFRAITH: Doedd o ddim yn lle da? Fe glywson ni ei fod o.

GRUSCHE: Cafodd y rhaglaw ei lofruddio.

LAVRENTI: O, do, fe glywson ni fod 'na helynt wedi bod yno. Fe ddywedodd dy fodryb. Ti'n cofio, Aniko?

Y CHWAER-YNG-NGHYFRAITH: Mae hi'n dawel iawn ffordd hyn. Mae pobl y trefi mawr wastad eisiau i rywbeth ddigwydd. *(Mae'n mynd at y drws ac yn gweiddi)*: Sosso, Sosso, paid â thynnu'r deisen 'na allan o'r popty am funud. Ti'n clywed, Sosso? Sosso, lle ar y ddaear wyt ti? *(Â allan dan weiddi.)*

LAVRENTI *(yn ddistaw a chyflym)*: Sgen ti dad iddo fo? *(Grusche yn ysgwyd ei phen.)* Ro'n i'n amau. Rhaid i ni feddwl am rywbeth. Mae hi'n grefyddol iawn.

Y CHWAER-YNG-NGHYFRAITH *(yn dod yn ôl)*: Gweision, wir! *(Wrth Grusche)*: Mae plentyn gen ti, felly?

GRUSCHE: Fi pia fo. *(Bron iddi syrthio. Mae Lavrenti'n ei dal i fyny.)*

Y CHWAER-YNG-NGHYFRAITH: Mair Annwyl, Fam yr Iesu, mae hi'n sâl. Beth wnawn ni?

(Mae Lavrenti am arwain Grusche at y fainc wrth y stôf. Mae Aniko yn chwifio arno i fynd â hi oddi yno ac yn pwyntio at sach wrth y pared.)

LAVRENTI *(yn arwain Grusche at y wal)*: Stedda, stedda, 'mond gwendid ydy o.

Y CHWAER-YNG-NGHYFRAITH: Beth petai'r frech sgarlad arni?

LAVRENTI: Rioed. Fe fydda ganddi hi smotiau. Mewn gwendid mae hi. Paid â phoeni, Aniko. *(Wrth Grusche)*: Mae'n brafiach eistedd, 'n tydy?

Y CHWAER-YNG-NGHYFRAITH: Ei phlentyn hi ydy o?

GRUSCHE: F'un i.

LAVRENTI: Mae hi ar ei ffordd at ei gŵr.

Y CHWAER-YNG-NGHYFRAITH: O, felly. Mae dy gig di'n oeri. *(Mae Lavrenti yn eistedd ac yn dechrau bwyta.)* Dyw braster oer ddim yn cytuno â thi. Mae gen ti stumog wan, ti'n gwybod hynny. *(Wrth Grusche)*: Ddim yn y dre mae dy ŵr di? Ble mae o 'ta?

LAVRENTI: Mae hi'n briod â rhywun yr ochr draw i'r mynydd, medda hi.

Y CHWAER-YNG-NGHYFRAITH: Wela i. Yr ochr draw i'r mynydd.

(Mae Aniko yn eistedd ac yn dechrau bwyta.)

GRUSCHE: Dw i'n credu y bydd raid i mi gael gorwedd i lawr yn rhywle, Lavrenti.

Y CHWAER-YNG-NGHYFRAITH *(yn holi 'mhellach)*: Os mai'r dicáu sy arni fe fydd hi ar ben arnon ni i gyd. Fferm sydd gan dy ŵr?

GRUSCHE: Milwr ydy o.

LAVRENTI: Ond mae ganddo fferm ar ôl ei dad. Un fechan.

Y CHWAER-YNG-NGHYFRAITH: Dydy o ddim yn y rhyfel? Pam?

GRUSCHE *(gyda thrafferth)*: Ydy, mae o yn y rhyfel.

Y CHWAER-YNG-NGHYFRAITH: Pam 'te wyt ti am fynd i'r fferm?

LAVRENTI: Pan ddaw o'n ôl o'r rhyfel, i'r fferm yr aiff o.

Y CHWAER-YNG-NGHYFRAITH: Ond rwyt ti am fynd yno rŵan?

LAVRENTI: Ydy, i aros amdano.

Y CHWAER-YNG-NGHYFRAITH *(yn bloeddio)*: Sosso, y deisen!

GRUSCHE *(yn mwmian, mewn twymyn)*: Fferm . . . milwr . . . aros . . . eistedd a bwyta.

Y CHWAER-YNG-NGHYFRAITH: Mae'r frech sgarlad arni hi!

GRUSCHE: Oes, mae fferm ganddo.

LAVRENTI: Faswn i'n dweud mai gwan ydy hi, Aniko. Beth am i ti fynd i edrych ar y deisen, cariad?

Y CHWAER-YNG-NGHYFRAITH: Ond pa bryd ddaw o'n ôl? Mi glywson ni fod y rhyfel wedi torri allan eto . . . *(Mae'n wadlan allan dan weiddi)*: Sosso, lle'r wyt ti, Sosso?

LAVRENTI *(yn sefyll yn sydyn ac yn mynd at Grusche)*: Fe gei di wely yn y siambr gyda hyn. Mae'i chalon hi yn y lle iawn, ond aros tan ar ôl bwyd.

GRUSCHE *(gan estyn y plentyn iddo)*: Cymer o. *(Mae o'n ei gymryd gan edrych o'i gwmpas.)*

LAVRENTI: Ond allwch chi ddim aros yn hir. Mae hi'n dduwiol iawn, wyddost ti.

(Syrthia Grusche yn ddiymadferth. Mae'i brawd yn ei dal.)

Y CANWR:
    Y chwaer oedd yn rhy wael;
    Y brawd llwfr, gorfu iddo'i lletya.

Yr hydref aeth, y gaeaf ddaeth.
Y gaeaf oedd hir,
Y gaeaf oedd fyr.
Doedd y bobl ddim i wybod,
Doedd y llygod ddim i frathu,
Doedd y gwanwyn ddim i ddod.

(Mae Grusche yn y stordy yn gwehyddu. Mae hi a'r plentyn, wrth ei thraed, ar ei gwrcwd, wedi'u lapio mewn blancedi, rhag yr oerni.)

GRUSCHE *(yn canu wrth y gwŷdd):*

Y bachgen hoff gychwynnodd fynd,
Y ferch yn ei ddilyn, yn ymbil,
Ymbil ac wylo, wylo a chynghori:
F'anwylyd, f'annwyl anwylyd,
Os ei di nawr i'r gad
Os ei di i ymladd y gelyn,
Paid â rhuthro i flaen y gad
Na chwaith aros y tu ôl yn y gad.
Mae tanio coch yn y blaen
A mwg yn goch yn y cefn.
Aros di'n hytrach yng nghanol y frwydr.
Aros di gyda cheidwad y faner.
Caiff y rhai cyntaf eu lladd.
Caiff y rhai olaf eu taro hefyd.
Caiff y sawl sy yn y canol ddod adre'n ôl.

Michel, rhaid i ni fod yn gyfrwys. Os gwnawn ni'n hunain mor fach â chocratsys, efallai yr anghofith fy chwaer-yng-nghyfraith ein bod yn y tŷ. Ac felly fe gawn aros hyd nes bydd yr eira'n dadmer. A phaid â chrio am ei bod hi'n oer. Fydd neb yn ein caru a ninnau'n dlawd ac yn fferru ac yn annifyr.

(Daw Lavrenti i mewn ac eistedd ar bwys ei chwaer.)

LAVRENTI: Pam ydych chi'n eistedd wedi'ch lapio fel hyn, fel coetsmyn? Tybed nad ydy hi'n rhy oer yn yr ystafell 'ma?

GRUSCHE *(yn tynnu'i siôl yn frysiog)*: Dyw hi ddim yn oer, Lavrenti, wir.

LAVRENTI: Petai hi'n rhy oer, chaet ti ddim eistedd fan hyn hefo'r plentyn. Mi fyddai Aniko'n reit flin. *(Saib.)*

Gobeithio na fu'r offeiriad yn dy holi ynglŷn â'r plentyn?

GRUSCHE: Mi holodd, do; ond ddwedais i ddim byd.

LAVRENTI: Da iawn. Ro'n i am siarad hefo ti am Aniko. Mae'i chalon hi yn y lle iawn, ond ei bod hi'n groendenau tu hwnt. Does ond raid i rywun grybwyll y fferm — mi aiff hi i boeni. Mae hi'n teimlo pethau i'r byw, wyddost ti. Unwaith fe aeth y ferch sy'n godro i'r eglwys hefo twll yn ei hosan, a byth ers hynny mae f'annwyl Aniko'n gwisgo dau bâr i fynd yno. Anghredadwy, 'n tydy? Ond mae hi'n dod o hen, hen deulu parchus dros ben. *(Mae'n clustfeinio.)* Wyt ti'n siŵr nad oes llygod mawr yma? Petai 'na — allech chi ddim byw fan hyn. *(Clywir sŵn diferion yn disgyn o'r to.)* Beth yw'r sŵn diferu 'na?

GRUSCHE: Rhaid fod casgen yn gollwng.

LAVRENTI: Ia, casgen yn gollwng, mae'n rhaid. Rwyt ti yma ers chwe mis rŵan, 'n dwyt? Sôn am Aniko oeddwn i 'ntê? Wrth gwrs, ddwedais i ddim byd wrthi am yr Helmau Duon — mae ganddi galon wan. Felly dydy hi ddim yn sylweddoli na elli di chwilio am le — dyna pam y dwedodd hi'r pethau 'na ddoe. *(Gwrandawant eto ar sŵn yr eira'n diferu.)* Dychmyga sut mae hi'n poeni am dy filwr di ... 'Beth petai o'n dod yn ei ôl ac yn methu dod o hyd iddi?' meddai gan orwedd yn effro, cofia. 'Ddaw o ddim cyn y gwanwyn,' meddwn innau. Hen beth annwyl ydy hi 'ntê? *(Mae'r diferion yn disgyn yn gyflymach.)* Be wyt ti'n feddwl? Pa bryd ddaw o? Beth ydy dy farn di? *(Grusche yn dweud dim.)* Wyt tithau'n meddwl na ddaw o ddim cyn y gwanwyn? *(Grusche yn dweud dim.)* Dw i'n gweld rŵan nad wyt ti'n coelio y daw o'n ôl o *gwbl* mwyach. *(Grusche yn dweud dim.)* Ond pan ddaw'r gwanwyn a'r eira'n dadmer yn fan hyn ac ar y ffordd dros y mynyddoedd, elli di ddim aros yma oherwydd fe allen nhw ddod i chwilio amdanat ti. Ac mi fydd pobl ffordd hyn yn sôn am blentyn siawns. *(Mae sŵn diferu cyflym yr eira'n dadmer fel sŵn clychau bach.)* Grusche, mae'r eira'n dadmer oddi ar y to. Mae'n wanwyn.

GRUSCHE: Ydy.

LAVRENTI *(yn frwd)*: Gad i mi ddweud wrthyt ti beth wnawn

ni. Mae angen lle arnat ti i fynd iddo a chan fod gen ti blentyn *(ochneidia)* rhaid i ti gael gŵr neu fe fydd pobl yn siarad. Felly, rydw i wedi bod yn gwneud ymholiadau yn dawel bach i weld a ga i ŵr i ti a Grusche, rydw i wedi dod o hyd i un. Rydw i wedi bod yn siarad gyda gwraig sy'n byw dros y mynydd, ac sydd â mab. Mae hi wedi cytuno.

GRUSCHE: Ond alla i ddim priodi neb. Rhaid i mi aros am Simon Chachava.

LAVRENTI: Wrth gwrs. Rydw i wedi cymryd hynny i ystyriaeth; ddim yn y gwely mae angen gŵr arnat ti, ond ar bapur. Ac un felly rydw i wedi'i ganfod. Mae mab y wraig y dois i gytundeb â hi ar fin marw. Tydy hynny'n wych? Mae o bron ar ei anadl olaf. Ac fe fydd popeth fel dwedson ni — sef bod gen ti ŵr yr ochr draw i'r mynydd. Ac *fel* roeddet ti'n cyrraedd yno roedd o'n cymryd ei anadl olaf a thithau wedyn yn weddw barchus. Be wyt ti'n feddwl?

GRUSCHE: Mae'n wir y gallwn i wneud hefo dogfen â stamp arni, un swyddogol felly, er mwyn Michel.

LAVRENTI: Yn hollol. Mae stamp yn bopeth. Heb stamp a sêl, prin y gall brenin, hyd yn oed, honni ei fod yn frenin. Ac fe fydd gen ti le i guddio hefyd.

GRUSCHE: Faint mae'r wraig eisiau am wneud hyn?

LAVRENTI: Pedwar can piaster.

GRUSCHE: O ble cei di nhw?

LAVRENTI *(yn euog)*: Pres llaeth Aniko.

GRUSCHE: Fydd neb yn f'adnabod i yno. Mi wna i o.

LAVRENTI *(yn sefyll)*: Fe adawa i i'r wraig wybod ar unwaith. *(Aiff allan yn gyflym.)*

GRUSCHE: Michel, rwyt ti'n fwrn arna i, fel mae adar y to ar y goeden gellyg. A minnau'n Gristion sy'n plygu i godi crystyn rhag iddo fynd yn ofer. Fe fasa bywyd yn haws i mi taswn i wedi cerdded ymaith yn frysiog y Sul Pasg hwnnw yn Nukha. Fi yw'r dwpsan rŵan!

Y CANWR:
Roedd y priodfab ar farw pan ddaeth y briodferch,
Ei fam wrth y drws i'w styrio hi;
Daeth â phlentyn gyda hi a'r tyst yn ei guddio

Yn ystod y gwasanaeth.

(Mae'r stafell wedi'i rhannu'n ddwy gan bared. Ar un ochr, gwely a dyn difrifol wael yn gorwedd arno'n llonydd, y tu ôl i lenni mosgito. Rhuthra'r ddarpar fam-yng-nghyfraith i mewn yr ochr arall gan lusgo Grusche gerfydd ei llaw. Daw Lavrenti ar eu hôl hefo'r plentyn.)

Y FAM-YNG-NGHYFRAITH: Brysiwch wir, neu fe fydd wedi'n gadael cyn y briodas. *(Wrth Lavrenti)*: Ond fu rioed sôn fod plentyn ganddi.

LAVRENTI: Pa wahaniaeth? *(Gan nodio i gyfeiriad y gŵr)*: Fydd o'n malio dim yn y cyflwr mae o ynddo fo.

Y FAM-YNG-NGHYFRAITH: Ia, *fo* ydy hynny, ond fe alla *i* farw o gywilydd. Rydan ni'n deulu parchus. *(Dechreua hi grio.)* Does dim rhaid i'm Jussup i briodi merch a chanddi blentyn yn barod.

LAVRENTI: Reit. Dau gan piaster yn ychwanegol 'ta. Ac mae o gen ti ar bapur mai ti sy'n etifeddu'r fferm ond fod ganddi hi'r hawl i fyw yma am ddwy flynedd.

Y FAM-YNG-NGHYFRAITH *(yn sychu'i dagrau)*: Prin y bydd hynna'n ddigon i dalu am y claddu. Gobeithio'n wir y bydd hi'n rhoi help llaw i mi. A ble mae'r mynach 'na wedi mynd? Rhaid ei fod wedi dianc trwy ffenestr y gegin. Pan glywan nhw yn y pentre fod Jussup ar ddarfod mi fyddan nhw i gyd ar ein gwartha. O Mawredd, fe af i'w nôl o. Ond cofiwch, fiw iddo weld y plentyn.

LAVRENTI: Fe ofala i am hynny. Welith o mono fo. Ond pam yn enw popeth cael mynach yn lle offeiriad?

Y FAM-YNG-NGHYFRAITH: Fe wnaiff o cystal bob tamaid. Ond rydw i wedi gwneud coblyn o gamgymeriad yn talu hanner yr arian iddo cyn y seremoni. Yn siŵr i chi, mae o wedi'i throi hi am y dafarn. Gobeithio . . . *(Rhed allan.)*

LAVRENTI: Druan ohoni, mae hi wedi ceisio arbed pres trwy gymryd mynach rhad yn lle offeiriad.

GRUSCHE: Cofia anfon Simon Chachava draw os daw o.

LAVRENTI: Iawn. *(Gan nodio i gyfeiriad y claf)*: Dwyt ti ddim am gael sbec bach arno fo?

(Mae Grusche yn gafael yn Michel ac yn ysgwyd ei phen.)

LAVRENTI: Dydy o'n symud dim. Gobeithio nad ydyn ni'n rhy hwyr.

(Maen nhw'n moeli'u clustiau. Daw cymdogion i mewn yr ochr arall i'r llwyfan, edrych o'u cwmpas a sefyll o gwmpas y waliau. Dechreuant fwmian paderau. Daw'r fam-yng-nghyfraith i mewn gyda'r mynach.)

Y FAM-YNG-NGHYFRAITH *(wrth y mynach, yn flin ac yn llawn syndod wrth weld pawb):* Dyma ni lanast. *(Mae'n rhoi cyrtsi i'r gwesteion.)* Os byddwch chi mor garedig ag aros yn amyneddgar am ychydig funudau. Mae dyweddi fy mab newydd gyrraedd o'r ddinas ac fe briodir hwy ar frys. *(Aiff gyda'r mynach i'r stafell wely.)* Roeddwn i'n gwybod y buaset ti'n dweud wrth bawb! *(Wrth Grusche):* Fe gawn ni'r briodas yn syth 'ta. Dyma'r drwydded. Rydw i a brawd y briodferch ... *(Ceisia Lavrenti gilio i'r cefndir, ac yntau newydd fynd â Michel oddi ar Grusche eto. Mae'r fam-yng-nghyfraith yn arwyddo arno i symud o'r ffordd.)* Fi a brawd y briodferch yw'r tystion.

(Mae Grusche wedi ymgrymu o flaen y mynach. Ânt at y gwely. Mae'r fam yn taflu'r llenni mosgito yn ôl. Dechreua'r mynach fwmian geiriau'r gwasanaeth priodas yn Lladin. Mae'r fam yn gwneud arwyddion ar i Lavrenti roi'r plentyn i rywun arall ond mae Lavrenti'n ceisio cadw'r bychan rhag crio trwy ddangos y seremoni iddo. Mae Grusche yn troi un waith i edrych ar y plentyn a chwyd Lavrenti un llaw bach a'i chwifio arni.)

MYNACH: Wyt ti'n barod i ufuddhau iddo, ei wasanaethu, ei garu, a gwrthod pawb arall cyhyd ag y byddwch byw eich dau?

GRUSCHE *(gan edrych ar y plentyn):* Ydw.

MYNACH *(wrth y claf):* A thithau'n barod i'w charu, ei ddiddanu, ei pharchu a'i chadw cyhyd ag y byddwch byw eich dau?

(Dim ateb. Mae'r mynach yn ailadrodd y cwestiwn ac yn edrych o'i gwmpas.)

Y FAM-YNG-NGHYFRAITH: Wrth gwrs ei fod o. Chlywaist ti mono'n dweud 'ydw'?

MYNACH: Iawn 'ta. Cyhoeddwn felly fod y briodas wedi'i selio. Beth am yr eneiniad olaf?

Y FAM-YNG-NGHYFRAITH: Dim peryg. Roedd y briodas yn ddigon costus. Gwell i mi ofalu am y galarwyr rŵan. *(Wrth Lavrenti)*: Saith gant ddwedson ni?

LAVRENTI: 600. *(Mae'n rhoi'r arian iddi.)* Dydw i ddim am aros i gymdeithasu â'r gwesteion . . . Ffarwel 'ta, Grusche. A chofia — pan ddaw fy chwaer weddw i'n gweld fe gaiff groeso mawr gan fy ngwraig neu fe fydd gen i achos i edliw iddi.

(Aiff Lavrenti allan. Mae'r galarwyr yn ei wylio'n mynd, heb gymryd fawr o ddiddordeb.)

MYNACH: Ga i ofyn plentyn pwy yw hwnna?

Y FAM-YNG-NGHYFRAITH: Oes 'ma blentyn? Wela i'r un. A weli dithau'r un chwaith. Deall? Neu fe fydda innau'n cofio i mi weld pob math o bethau yn mynd ymlaen y tu ôl i'r dafarn. I mewn â ni.

(Ânt drwodd i'r stafell arall. Wedi i Grusche roi'r plentyn i eistedd ar lawr a'i siarsio i fod yn dawel, caiff ei chyflwyno i'r cymdogion.)

Y FAM-YNG-NGHYFRAITH: Dyma fy merch-yng-nghfraith. Fe gyrhaeddodd, wrth lwc, mewn pryd i ganfod Jussup druan yn dal ar dir y byw.

GWRAIG: Mae o wedi bod yn orweddiog ers blwyddyn rŵan 'n tydy? Pan gafodd Wassili ni ei alw i'r fyddin roedd Jussup yno yn y ffarwelio.

AIL WRAIG: Peth ofnadwy i ddigwydd ar fferm. Y corn yn aeddfed a'r ffermwr yn ei wely. Mi fydd yn fendith iddo beidio gorfod diodde mwy — dyna dw i'n feddwl.

GWRAIG *(yn gyfrinachol)*: A ninnau'n meddwl ar y dechrau mai cymryd arno oedd o er mwyn osgoi mynd i'r rhyfel . . . A dyma fo'n darfod 'ntê . . .

Y FAM-YNG-NGHYFRAITH: Dowch. Steddwch. Cym'rwch damaid o deisen. *(Amneidia ar Grusche. Mae'r ddwy'n mynd i'r stafell wely ac yn codi dau dun a theisennau arnynt oddi ar y llawr. Mae'r gwesteion, a'r mynach yn eu mysg, yn eistedd ar y llawr ac yn dechrau ymgomio'n ddistaw.)*

FFERMWR *(yn gafael mewn potel y mae'r mynach newydd ei thynnu o blygion ei wisg)*: O, mae 'na blentyn meddach chi? Sut lwyddodd Jussup i wneud hynny?

TRYDEDD WRAIG: Roedd hi'n lwcus i gael y fodrwy am ei bys ac yntau mor symol.

Y FAM-YNG-NGHYFRAITH: Maen nhw'n hel straeon yn barod ac yn bwyta'r teisennau claddu i gyd. A tae o ddim yn marw heddiw mi fydd yn rhaid i mi grasu eto fory.

GRUSCHE: Fe wna i.

Y FAM-YNG-NGHYFRAITH: Roedd 'na farchogion yn mynd heibio neithiwr ac es i allan i weld pwy oedden nhw. Pan ddois i'n ôl dyna lle'r oedd o'n gorwedd, fel corff. Dyna pam yr anfonais i amdanoch chi ar frys. Ddalith o fawr hirach . . . *(Mae'n clustfeinio.)*

MYNACH: Annwyl gyfeillion, gwesteion a galarwyr. Safwn yma dan deimlad ger y gwely — gwely angau a gwely priodasol. Oherwydd fe ddaw'r wraig hon i'w bywyd priodasol ar yr union adeg y mae ei gŵr yn gadael bywyd y ddaear hon. Cafodd corff y priodfab ei olchi'n barod, ac mae'r briodferch yn disgwyl ei thamaid. Oherwydd y gwely priodasol mae un Ewyllys Olaf yn gorwedd a honno'n cynhyrfu'r chwantau. Gyfeillion, mor amrywiol yw ffawd dynion. Mae un yn marw fel y caiff do uwch ei ben ac un arall yn priodi fel gall y corff ymadael â'r byd, fel pridd, i'r pridd o'r hwn y daeth. Amen.

Y FAM-YNG-NGHYFRAITH *(wedi bod yn gwrando)*: Dyna fo'n talu'r pwyth. Ddylwn i ddim bod wedi cymryd un mor rhad — mae o'n ymddwyn yn ôl y disgwyl. Buasai mwy o urddas gan un drutach. Mae 'na un yn Sura, ac awyrgylch sanctaidd, bron, o'i gwmpas, ond wrth gwrs mae'n costio ffortiwn. Hefo rhyw offeiriad hanner can piaster fel hwn, ymddygiad ac urddas hanner can piaster mae rhywun yn ei gael — a dim mymryn mwy. Pan es i i'w nôl o'r dafarn roedd yn areithio yn fan'no ac yn gweiddi — 'Mae'r rhyfel 'di gorffen. Ofnwch Heddwch.' . . . Gwell i ni fynd i mewn.

GRUSCHE *(yn rhoi teisen i Michel)*: Bwyta di hon ac eistedd yn ddistaw neis, Michel. Rydan ni'n bobl barchus rŵan.

(Mae'r ddwy'n cychwyn i gynnig teisennau i'r gwahoddedigion. Mae'r claf wedi codi ar ei eistedd y tu ôl i'r llenni mosgito; mae'n

rhoi'i ben allan ac yn eu gwylio'n mynd. Yna gorwedda'n ôl eto. Mae'r mynach wedi estyn dwy botel o blygion ei wisg ac mae'n eu pasio i'r ffermwr sy'n eistedd nesa ato. Daw tri offerynnwr i mewn ar ôl i'r mynach roi winc ddireidus arnynt.)

Y FAM-YNG-NGHYFRAITH: Be haru chi, yn dod yma hefo'r offerynnau 'na?

CERDDOR: Fe ddywedodd y Brawd Anastasius *(yn pwyntio ato)* fod priodas yma.

Y FAM-YNG-NGHYFRAITH: Be? Fy landio hefo tri arall? Ydych chi'n sylweddoli fod 'na ddyn marw i mewn yn fanna?

MYNACH: Eitha her i'r perfformwyr . . . Gallant chwarae rhywbeth llawen yn araf-dawel neu rywbeth trist yn fywiog.

Y FAM-YNG-NGHYFRAITH: Wel, o leia chwaraewch rywbeth . . . neu fydd dim modd eich cadw oddi wrth y bwyd.

(Chwaraeant ryw gymysgedd o gerddoriaeth. Mae'r ddwy'n dal i weini'r teisennau.)

MYNACH: Mae'r trwmped fel plentyn yn bloeddio, a pha straeon rwyt ti'n eu taro allan i'r byd, ddrwm bach?

FFERMWR WRTH YMYL Y MYNACH: Beth am i'r briodferch roi dawns fach i ni?

MYNACH: Be hoffech chi 'ta? Hi'n siglo coes ynteu'r sgerbwd trwodd fan'cw'n siglo?

FFERMWR WRTH YMYL Y MYNACH *(canu)*:

Miss Tindrwm briododd hen, hen ŵr
Ei 'chelgais oedd jyst priodi,
Ond pan roedd hi â'i bryd ar sbort
Mi drodd ei chefn ar y fargen wael,
Can's rheitiach peth oedd cannwyll.

(Mae'r fam-yng-nghyfraith yn taflu'r meddwyn allan. Mae'r cerddorion yn ymdawelu. Saib annifyr.)

Y GWAHODDEDIGION *(yn uchel)*: Glywsoch chi fod yr Archddug wedi dod 'nôl? Ond mae'r tywysogion yn ei erbyn 'n tydyn? Mae 'na sôn fod y Shah ym Mhersia wedi rhoi benthyg byddin fawr iddo fo, er mwyn iddo gael trefn ar Grusinia eto. Go brin hefyd 'ntê, gelyn fu'r Shah iddo erioed. Ia, mae'n elyn i anhrefn hefyd, cofiwch. O leiaf mae'r rhyfel drosodd. Mae'r hogiau'n dechrau dod yn ôl.

(Mae Grusche yn gollwng y tun.)

GWRAIG *(wrth Grusche)*: Wyt ti'n iawn? Wedi cynhyrfu, mae'n siŵr, hefo busnes Jussup druan . . . Stedda am funud, 'nghariad i.

(Saif Grusche yn sigledig.)

Y GWAHODDEDIGION: Rŵan fe ddaw popeth yn ôl i drefn fel roedd o cynt. 'Mond y bydd trethi'n codi er mwyn talu am y rhyfel.

GRUSCHE *(yn wan)*: Ddwedodd rhywun fod y milwyr 'nôl?

GŴR: Do. Fi.

GRUSCHE: Amhosibl.

GŴR *(wrth wraig)*: Dangosa'r siôl 'na. Fe brynson ni hon gan un o'r milwyr. O Bersia ddaeth hi.

GRUSCHE *(yn edrych ar y siôl)*: Maen nhw'n ôl. *(Saib hir. Mae Grusche yn penlinio fel petai i godi'r teisennau. Ond fe gymer y groes fach arian allan o wddf ei blows, ei chusanu a dechrau gweddïo.)*

Y FAM-YNG-NGHYFRAITH *(gan fod y gwesteion wedi tawelu ac yn gwylio Grusche)*: Tyrd. Be sy? Beth am i ti morol am ein cyfeillion yma. Be ydy o o bwys i ni beth mae'r bobl dwp 'na tua'r dinasoedd yn ei wneud?

Y GWAHODDEDIGION *(tra bod Grusche yn dal â'i thalcen ar y llawr, maent yn siarad eto'n uchel)*: Mae modd prynu cyfrwy o Bersia gan rai o'r milwyr. Mae llawer yn eu cyfnewid am faglau. O safbwynt y cadfridogion un ochr sy'n ennill mewn rhyfel, ond mae'r milwyr cyffredin ar y ddwy ochr yn colli. O leia mae'r rhyfel drosodd. Mae hynny'n rhywbeth. Fydd dim mwy o'r hogiau yn cael eu llusgo i wasanaeth milwrol. *(Mae'r dyn yn y gwely'n eistedd i fyny ac yn moeli ei glustiau.)* Allen ni wneud hefo rhyw bythefnos o dywydd braf rŵan — 'chydig iawn o ffrwyth sydd ar ein coed gellyg ni 'leni . . .

Y FAM-YNG-NGHYFRAITH *(yn cynnig teisennau)*: Dowch. Cymerwch. Mae 'na ragor.

(Aiff i'r siambr hefo'r tun gwag. Nid yw'n sylwi ar y claf. Mae

hi'n plygu i estyn tun llawn. Dechreua ei mab siarad, yn gryg.)

JUSSUP: Faint goblyn o deisennau wyt ti'n meddwl stwffio i mewn i'w cegau nhw? Ti'n meddwl 'mod i'n medru cachu pres? *(Mae'r fam yn neidio, yn troi ac yn syllu arno mewn dychryn. Daw i'r golwg drwy'r llenni mosgito.)* Ddwedson nhw fod y rhyfel drosodd?

GWRAIG *(yn yr ystafell arall, wrth Grusche yn glên)*: Oes rhywun gennych chi yn y fyddin?

GŴR: Newydd da eu bod yn dod 'nôl 'te?

JUSSUP: Paid â syllu mor hurt. Pwy ydy'r greadures 'ma rwyt ti 'di'i gwthio arna i'n wraig?

(Ni chaiff unrhyw ateb felly cyfyd o'i wely a mynd yn sigledig heibio i'w fam i'r stafell arall. Â hithau ar ei ôl yn grynedig, hefo'r tun teisen.)

Y GWAHODDEDIGION *(yn ei weld ac yn rhoi sgrech)*: Rargian fawr! Mair Fam Duw! Jussup!

(Neidia pawb ar eu traed mewn dychryn. Mae'r gwragedd yn ei bachu hi am y drws. Mae Grusche, sy'n dal ar ei gliniau, yn troi'i phen ac yn syllu'n syn arno.)

JUSSUP: Swper angladd! Dyna be hoffech chi'i gael. Allan, cyn i mi'ch chwipio chi i gyd. *(Rhuthra pawb allan ar ras. Yn sych wrth Grusche)*: Dyna ddiwedd ar unrhyw gynllwyn oedd gen ti 'ntê?

(Grusche yn dweud dim. Cymer Jussup un o'r teisennau o dun ei fam.)

Y CANWR:
Wel, dyma gawl. Y wraig yn darganfod fod gŵr ganddi. Roedd ganddi blentyn yn y bore. Roedd ganddi ŵr erbyn nos.
A'r cariad ar ei ffordd, ddydd a nos.
Edrycha'r ddau ar ei gilydd. Cyfyng yw'r stafell.

(Eistedda'r gŵr yn noeth mewn twba pren a'i fam yn tywallt dŵr drosto. Yn y siambr gerllaw mae Grusche ar lawr gyda Michel sy'n smalio trwsio rhyw fatiau gwellt.)

JUSSUP: Ei gwaith *hi* yw hyn, nid dy waith di. Lle mae hi rŵan?

Y FAM-YNG-NGHYFRAITH *(yn galw)*: Grusche! Mae'r giaffar yn gofyn amdanat.

GRUSCHE *(wrth Michel)*: Mae 'na ddau dwll arall ar ôl i'w trwsio.

JUSSUP *(fel yr â Grusche i mewn)*: Sgwria 'nghefn i.

GRUSCHE: All gŵr y tŷ ddim gwneud hynny ei hun?

JUSSUP: 'All gŵr y tŷ ddim gwneud hynny ei hun?' Gafael yn y brws 'na, myn diawl! Be wyt ti — gwraig i mi, neu ddynes ddieithr? *(Wrth ei fam)*: Mae'r dŵr 'ma'n rhy oer.

Y FAM-YNG-NGHYFRAITH: Fe bicia i i nôl dŵr poeth.

GRUSCHE: Fe af fi.

JUSSUP: Aros di! *(Ei fam yn mynd.)* Rhwbia'n galetach. A rho'r gore i gymryd arnat. Rhaid dy fod ti wedi gweld boi noeth cyn heddiw. Ddaeth y plentyn 'na sy gen ti ddim hefo'r gwynt.

GRUSCHE: Nid ffrwyth pleser ydy o, os mai dyna rydych chi'n ei awgrymu.

JUSSUP *(yn troi i wenu'n ddireidus arni)*: Dwyt ti ddim yn edrych fel un oeraidd. *(Mae Grusche yn rhoi'r gorau i sgwrio ac yn cilio'n ôl. Daw'r fam i mewn.)* Ew, ti wedi dewis un od i mi. Lledan 'di sychu fel gwraig.

Y FAM-YNG-NGHYFRAITH: Does dim 'wyllys da'n perthyn iddi.

JUSSUP: Tywallt, ond yn ofalus. Aw! Gofalus ddwedais i. *(Wrth Grusche)*: Synnwn i damaid na wnest ti ryw fisdimanars yn y dre — neu pam fasat ti yma? Ond ta waeth. A sgen i ddim byd yn erbyn y plentyn siawns 'na, ond dw i bron 'di dod i derfyn f'amynedd hefo *ti*. Mae hyn yn groes i natur. *(Wrth ei fam)*: Mwy! *(Wrth Grusche)*: A hyd yn oed petai dy filwr di'n dọd 'nôl . . . ti'n briod.

GRUSCHE: Ydw.

JUSSUP: A ddaw o ddim. Waeth i ti heb.

GRUSCHE: Na.

JUSSUP: Ti 'di 'nhwyllo i! Rwyt ti'n wraig i mi, ac eto dwyt ti ddim. Dwyt ti'n ddim i mi yn y gwely 'na, ond does dim lle i'r un ferch arall yno chwaith. Dw i'n mynd i'r caeau yn y bore wedi ymlâdd ac yn mynd i 'ngwely'r nos yn effro ddiawledig. Mae Duw wedi dy greu yn fod rhywiol, a beth wyt ti'n wneud? Dydy'r darn tir 'ma sgen i ddim yn gwneud digon o bres i mi fedru prynu dynes yn y dre, a beth bynnag mae'n rhy bell. Yn ôl yr Almanac, mae gwraig i fod i chwynnu'r tir ac agor ei choesau. Wyt ti'n fy nghlywed i?

GRUSCHE: Ydw. *(Yn ddistaw)*: Dydw *i* ddim yn ei weld o'n deg dy dwyllo di chwaith.

JUSSUP: O, dydy *hi* ddim yn ei weld yn deg. Tywallt! *(Ei fam yn tywallt.)* Aw!

Y CANWR:
Fel yr eisteddai wrth y nant i olchi
Gwelai ei wyneb ar y lli, a hwnnw'n pylu,
Gyda threiglad y misoedd.
Fel y safai i wasgu'r golch
Clywai ei lais yn sisial yn y dail, yn wannach
Gyda threiglad y misoedd.
Ochneidiodd yn fwy mynych, llifodd dagrau a chwys,
Tyfodd y plentyn
Gyda threiglad y misoedd.

(Gwelir Grusche yn plygu wrth y nant i drochi ei golch yn y dŵr. Nid nepell oddi wrthi mae criw o blant. Mae Grusche yn siarad gyda Michel.)

GRUSCHE: Dos i chwarae hefo nhw, Michel, ond paid â chymryd ganddyn nhw am mai ti ydy'r lleiaf. *(Mae Michel yn nodio ac yn mynd atyn nhw. Maen nhw'n dechrau chwarae.)*

BACHGEN MWYAF: Heddiw fe chwaraewn ni gêm torri pennau i ffwrdd. *(Wrth fachgen tew)*: Ti ydy'r tywysog — mi fyddi di'n chwerthin. *(Wrth Michel)*: Ti ydy'r rhaglaw. *(Wrth ferch)*: Ti ydy gwraig y rhaglaw — rhaid i ti grio pan fydd ei ben o'n cael ei dorri i ffwrdd. A fi fydd yn torri'i ben o. *(Mae'n dangos cleddyf pren.)* Hefo hwn. I ddechrau, mae'r rhaglaw'n cael ei arwain i mewn i'r llys. Y tywysog gynta a gwraig y rhaglaw'n ola.

(Maen nhw'n ffurfio gorymdaith. Mae'r boi tew ar y blaen yn chwerthin. Wedyn daw Michel a'r bachgen mawr. Wedyn y ferch, yn crio.)

MICHEL *(yn sefyll yn stond)*: Fi torri pen hefyd.

BACHGEN MWYAF: Fi sy'n gwneud hynny. Ti ydy'r lleiaf. Bod yn rhaglaw ydy'r rhan hawsaf. Does ond rhaid i ti benlinio a chael torri dy ben i ffwrdd.

MICHEL: Fi cael cleddyf hefyd.

BACHGEN MWYAF: Fi pia fo. *(Mae'n rhoi cic iddo.)*

MERCH *(galw ar Grusche)*: Wneith o ddim chwarae'n iawn.

GRUSCHE *(dan chwerthin)*: Mae deryn bach yn gwybod sut i hedfan.

BACHGEN MWYAF: Gei di fod yn dywysog 'ta, os gelli di chwerthin.

(Mae Michel yn ysgwyd ei ben.)

BACHGEN TEW: Fi ydy'r gorau am chwerthin. Gad iddo gael un tro ar dorri pen i ffwrdd, wedyn gei di wneud ac wedyn fi.

(Mae'r bachgen mwyaf yn rhoi'r cleddyf i Michel dan brotest ac yn penlinio. Mae'r un tew yn eistedd, yn slapio'i gluniau ac yn chwerthin yn iach. Mae'r ferch yn crio'n uchel. Mae Michel yn rhoi slas hefo'r cleddyf ac yn syrthio drosodd yn y broses.)

BACHGEN MWYAF: Aw. Ddangosa i i ti . . . *(Mae Michel yn rhedeg i ffwrdd a'r plant ar ei ôl. Mae Grusche yn chwerthin wrth eu gwylio'n mynd. Pan dry hi'n ôl, saif y milwr Simon Chachava yr ochr draw i'r nant, yn gwisgo lifrai carpiog.)*

GRUSCHE: Simon!

SIMON: Grusche Vachnadze sy 'na?

GRUSCHE: Simon!

SIMON *(yn ffurfiol)*: Duw a'ch bendithia a rhoi iechyd i chi, Miss.

GRUSCHE *(yn sefyll yn llon ac yn rhoi cyrtsi)*: Duw a'ch bendithia chithau, Mistar Milwr. A diolch Iddo am i chi gael dod 'nôl yn un darn.

SIMON: Wel, ia. Roedd 'na bysgod gwell na fi, felly wnaethon nhw mo 'mwyta i, chwedl y pennog.

GRUSCHE: Dewrder, hwnna oedd o — medd y gwas bach. Lwc, hwnna oedd o — medd yr arwr.

SIMON: A sut mae pethau fan hyn? Fu'r gaeaf yn dyner a'r cymdogion yn glên?

GRUSCHE: Y gaeaf braidd yn arw. Y cymdogion fel sy i'w ddisgwyl, Simon.

SIMON: Ydy o'n iawn i mi ofyn a ydy rhywun yn dal i roi'i choesau yn y dŵr wrth wneud ei golchi?

GRUSCHE: 'Na' ydy'r ateb — oherwydd y llygaid yn y llwyni.

SIMON: Sôn am lygaid milwr cyffredin mae Miss, mae'n siŵr. Ond rhingyll sy'n sefyll fan hyn!

GRUSCHE: Siawns fod hynny'n golygu ugain piaster.

SIMON: A llety.

GRUSCHE *(dagrau'n dod i'w llygaid)*: Y tu ôl i'r barics. O dan y coed datys.

SIMON: Ia, yn union. Bu rhywun yn edrych o'i chwmpas, rwy'n gweld.

GRUSCHE: Do.

SIMON: A heb anghofio. *(Mae Grusche yn ysgwyd ei phen.)* Felly mae'r drws yn dal ar agor i mi? *(Nid yw Grusche yn dweud dim, ond mae'n ysgwyd ei phen.)* Be sy? Oes rhywbeth o'i le?

GRUSCHE: Simon Chachava, alla i byth fynd 'nôl i Nukha. Mae rhywbeth wedi digwydd.

SIMON: Be?

GRUSCHE: Mi ddigwyddais i daro un o'r Helmau Duon a'i fwrw i lawr.

SIMON: Ia, ond mae'n siŵr fod rheswm da gen ti dros wneud hynny?

GRUSCHE: Simon Chachava, dydw i ddim yr un enw ag yr oeddwn i.

SIMON *(saib)*: Dydw i ddim yn deall.

GRUSCHE: Simon, pam mae merched yn newid eu henw? Gad i mi egluro. Does dim rhyngon ni. Mae popeth fel roedd. Rhaid i ti goelio hynny.

SIMON: Sut? Dim o'i le?

GRUSCHE: Sut alla i egluro? Mae'n amhosibl siarad fel hyn a'r nant yn ein gwahanu. Elli di groesi'r bompren?

SIMON: Oes 'na bwynt?

GRUSCHE: O, oes wir. Tyrd drosodd, Simon. Brysia!

SIMON: Ydy Miss yn ceisio dweud mewn ffordd neis fy mod i

wedi cyrraedd yn rhy hwyr?

(Mae Grusche yn edrych arno, yn torri ei chalon. Mae'r dagrau'n llifo. Sylla Simon o'i flaen. Cwyd ddarn o bren a dechrau naddu.)

Y CANWR:

> Cafwyd llawer o eiriau, ond llyncwyd llawer hefyd.
> Daeth y milwr. Ddwedodd o ddim o ble y daeth.
> Clywch beth aeth yn ddistaw drwy'i feddwl:
> Dechreuodd y frwydr ar laswyn y dydd, canol dydd oedd
> yn waedlyd;
> Syrthiodd y cyntaf o 'mlaen, yr ail y tu ôl i mi a'r
> trydydd wrth f'ymyl.
> Sathrais ar y cyntaf, gadewais yr ail, deliodd y capten
> â'r trydydd.
> Bu farw un brawd o'i glwyf, mygodd y llall.
> Clywais dân ar fy ngwar.
> Rhewodd fy nwylo yn fy menig a'm bodiau yn fy sanau.
> Rhaid oedd bwyta blagur, yfed diod ddail, cysgu
> ar gerrig, yn wlyb.

SIMON: Rwy'n gweld cap bach ar y gwair. Oes 'na un bach o gwmpas eisoes?

GRUSCHE: Oes, Simon. Alla i ddim cuddio'r ffaith, ond paid â gadael iddo dy boeni. Nid f'un i ydy o.

SIMON: Maen nhw'n dweud, 'n tydyn, os yw hi am fwrw — waeth iddi dresio ddim? Does dim rhaid i'r wraig ddweud rhagor.

(Mae Grusche yn plygu ei phen ac yn dweud dim.)

Y CANWR:

> Bu hiraethu a ffyddlondeb. Ond dim disgwyl.
> Mae'r llw wedi'i dorri. Ddwedodd hi ddim *pam.*
> Clywch beth aeth yn ddistaw drwy'i meddwl hithau:
> A thithau'n ymladd yn y gad, filwr,
> A'r frwydr yn waedlyd a chwerw,
> Gwelais blentyn diamddiffyn —
> Doedd gen i mo'r galon i'w adael.
> Bu raid i mi boeni am un a fuasai'n cael cam.
> Bu raid i mi blygu i chwilio am friwsion,
> Bu raid i mi ddarnio fy hun er mwyn plentyn rhywun
> arall,

Y truan, ddieithryn.
Rhaid oedd i rywun ei helpu.
Rhaid i bob coeden fach gael ei dyfrio.
Os yw'r bugail yn huno, aiff yr oen bach ar goll,
A'i gri heb ei glywed.

SIMON: Rho'r groes fach yn ôl, honno gest ti gen i. Neu, gwell byth, tafla hi i'r dŵr.

(Mae Simon yn troi i fynd.)

GRUSCHE: Simon Chachava, paid â mynd. Nid fi pia fo. *(Clyw hi'r plant yn galw.)* Ia, be sy, blant?

LLEISIAU: Milwyr. Maen nhw'n llusgo Michel i ffwrdd!

(Saif Grusche yn stond, yn syfrdan. Daw dau o'r Helmau Duon ati, yn arwain Michel.)

MILWR: Ti yw Grusche? *(Nodia hi.)* Dy blentyn di yw hwn?

GRUSCHE: Ia. *(Mae Simon yn troi ac mynd.)* Simon!

MILWR: Cawsom orchymyn swyddogol i fynd â'r plentyn yma sy'n dy ofal i'r dre. Mae rheswm i gredu fod hwn yn blentyn arbennig, sef Michel Abaschwili, mab Georgi Abaschwili, y rhaglaw a'i wraig Natella Abaschwili. Dyma ddogfennau ac arnynt y sêl swyddogol.

(Ânt â'r plentyn ymaith.)

GRUSCHE *(yn rhedeg ar eu holau, gan weiddi)*: Gadewch o plîs, plîs, fi pia fo.

Y CANWR:
Y plentyn annwyl gymerwyd gan yr Helmau Duon.
A'r wraig druan ar eu holau i'r ddinas beryglus.
Y fam wreiddiol sy'n mynnu hawlio'r plentyn.
Y fam faeth ddaeth o flaen y llys.
Sut ddyfarniad geir? Pwy gaiff y plentyn?
Pwy fydd y Barnwr? Un da 'ta un drwg?
Roedd terfysg yn y dref.
Ar y fainc eisteddai Azdak.

4   Hanes y Barnwr

Gwrandewch nawr ar hanes y Barnwr:
Sut y daeth i fod yn Farnwr, sut y dedfrydai, sut Farnwr oedd.
Ar Sul Pasg y Chwyldro fawr, pan ddiorseddwyd
    yr Archddug
A phan gollodd ei raglaw Abaschwili, tad ein plentyn ni,
    ei ben,
Darganfu clerc y pentre, gŵr o'r enw Azdak,
Ffoadur yn y llwyni, ac a'i cuddiodd yn ei fwthyn.

(Mae Azdak, yn garpiog a meddw, yn helpu ffoadur wedi'i wisgo fel cardotyn i fynd i mewn i'w dŷ.)

AZDAK: Paid â chwythu cymaint — nid march wyt ti. A dydy rhedeg fel llond trwyn o annwyd Ebrill yn gwneud dim lles i ti yng ngolwg yr heddlu. Saf yn llonydd, medda fi. *(Mae'n gafael yn y ffoadur sy'n trotian yn ei flaen fel petai am fynd yn syth drwy'r pared.)* Stedda i lawr i gladdu hwn — 'ma ti ddarn o gaws. *(Mae'n tyrchu o dan ryw gadachau mewn cist i estyn y caws; mae'r ffoadur yn dechrau bwyta'n awchus.)* Heb fwyta ers tipyn? *(Mae'r ffoadur yn gwneud sŵn gyddfol.)* Be wnaeth i ti redeg fel 'na? Y sglyfaeth twp! Fasa'r heddlu ddim wedi dy weld.

FFOADUR: Gorfod.

AZDAK: Oes llond twll o ofn arnat ti? *(Rhytha'r henwr arno heb ddeall.)* Cachu brics? Ofn am dy fywyd? Hy. . . . Argol, paid â sglaffio'r bwyd 'na mor swnllyd. Rwyt ti cynddrwg â byddigions, neu foch. Alla i ddim diodde hynna. 'Mond rhyw ddiawliaid uffernol o uchel eu tras y mae'n rhaid inni 'u diodde nhw fel maen nhw. Ddim pobl fel ti. Mi glywais unwaith am Farnwr pwysig yn rhechain tra oedd o'n bwyta yng nghanol y basâr er mwyn dangos nad oedd yn malio taten am neb. A rŵan, wrth dy wylio di'n bwyta, dw i'n cael iasau o amheuon ofnadwy. Pam wyt ti mor dawel? *(Yn siarp)*: Hei, dangos dy ddwylo. Ti'n clywed? Dangos dy ddwylo, medda fi. *(Estyn y ffoadur ei law yn betrus.)* Gwyn! . . . Nid cardotyn wyt ti, felly. Twyll, myn diawl. Twyll ar ddwy droed. A finna'n gadael i ti mochel yn fan hyn fel tasat ti'n foi parchus. Pam wyt ti ar ffo 'ta, os wyt ti'n dirfeddiannwr — dyna wyt ti 'ntê? Paid â thrio gwadu. Alla i ddarllen euogrwydd ar dy wyneb di. *(Mae'n codi ar ei draed.)* Allan! *(Mae'r ffoadur yn edrych o'i gwmpas yn amheus.)* Disgwyl be wyt ti? Gormeswr y werin, y diawl diegwyddor!

FFOADUR: Nhw ar f'ôl i. Hoffwn gael eich holl sylw. Cynnig gen i i'w roi gerbron.

AZDAK: *Be* wyt ti am ei wneud? Gwneud cynnig? Ufflon. Dyna be *ydy* digywilydd. *Fo'n* gwneud cynnig! Trueiniaid y byd yn crafu nes bod eu bysedd yn gwaedu a'r chwannen yn meddwl gwneud cynnig! Allan, ddwedais i.

FFOADUR: Dw i'n deall eich safbwynt, rydych yn ddyn o argyhoeddiad. Beth am gan mil piaster am y noson? Iawn?

AZDAK: Be? Ti'n meddwl fy mhrynu i? Am gan mil piaster? Pris stad ddigon tila? Fasa can mil a hanner yn nes ati. Lle maen nhw gen ti?

FFOADUR: Ddim arna i wrth gwrs. Fe gân nhw'u hanfon . . . gobeithio . . . Dim amheuaeth.

AZDAK: Amheuaeth mawr. Allan!

(Cwyd y ffoadur a chychwyn trotian am y drws. Daw llais oddi allan.)

LLAIS: Azdak!

(Mae'r ffoadur yn troi, yn trotian i gyfeiriad y gornel bellaf ac yn sefyll.)

AZDAK: Dw i'n brysur. *(Mae'n cicio'r drws.)* Wyt *ti'n* prowlan o gwmpas eto, Schauwa?

YR HEDDWAS SCHAUWA *(y tu allan, yn ceryddu)*: Rwyt ti wedi dal sgyfarnog arall, Azdak. Mi wnest ti addo na fyddai hyn yn digwydd eto.

AZDAK *(yn reit gadarn)*: Paid â thrafod pethau nad wyt ti'n eu deall, Schauwa. Creadur peryglus a niweidiol yw'r sgyfarnog, yn rhwygo planhigion i fyny, yn enwedig y rhai a elwir yn chwyn. Felly rhaid ei erlid.

SCHAUWA: Azdak, paid â bod mor gas hefo fi. Fe golla i fy

swydd os na chymera i gamre yn d'erbyn. Dw i'n siŵr na fynnet ti hynny. Mae gen ti galon 'n does?

AZDAK: Nac oes wir, does gen i ddim calon o gwbl. Sawl gwaith sy raid i mi egluro i ti mai dyn y *meddwl* ydw i?

SCHAUWA *(yn gyfrwys)*: Mi wn i, Azdak. Rwyt ti'n ddyn deallus — ti'n cyfadde hynny dy hun. Felly, dyma ofyn i ti rŵan — a finnau'n Gristion syml diaddysg — os oes rhywun wedi dwyn un o sgyfarnogod y tywysog, a finnau'n blismon, be ydw i i i'w wneud â'r dihiryn?

AZDAK: Schauwa, Schauwa. Rhag dy gywilydd di'n holi cwestiynau er mwyn ceisio fy arwain i i drybini. Rwyt ti'n ei thrio hi rŵan fel tasat ti'r gnawes Nunowna 'na — yn dangos ei chlun ac yn gofyn: 'Be wna i hefo 'nghlun? Mae hi'n cosi.' Ydy hi'n ddiniwed, yn gwneud peth fel 'na? Nac ydy siŵr. Wel, gosod magl i *sgyfarnog* fydda i. Rwyt ti'n trio baglu dyn. Mae dyn wedi'i greu ar ddelw Duw, dydy sgyfarnog ddim — ti'n gwybod hynny. Os dw i'n gigwr, rwyt ti'n ganibal, Schauwa. Fe fydd Duw'n dy farnu di am hyn. Dos adre i edifarhau. Na. Aros. Ella fod gen i rywbeth i ti. *(Edrycha ar y ffoadur — sy'n sefyll yno'n crynu.)* Na, sgen i ddim, chwaith, dim byd. Dos adre i edifarhau. *(Mae'n rhoi clep ar y drws reit yn ei wyneb. Wrth y ffoadur)*: Ti'n synnu rŵan, 'n dwyt? 'Mod i heb dy fradychu? Ond faswn i ddim yn rhoi lleuen hyd yn oed yn nwylo'r diawl plismon 'na. Na faswn, byth. Paid â chrynu yng ngŵydd heddwas. Rwyt ti mor hen, ac eto mor llwfr. Gorffenna'r caws 'na. Ond dysga fwyta fel dyn tlawd neu fe ddalian nhw di wedi'r cwbl. Arswyd, oes raid i mi ddangos i ti sut i ymddwyn fel dyn tlawd go iawn? *(Mae'n ei sodro ar ei eistedd eto ac yn rhoi'r caws yn ôl yn ei law.)* Y gist yw'r bwrdd. Rho dy ddwy benelin ar y bwrdd a rŵan dy fraich o amgylch y caws ar y plât, fel tasat ti'n disgwyl i rywun ei ddwyn o unrhyw eiliad. Sut alli di fod yn siŵr na ddigwyddodd hynny? Gafael yn y gyllell fel tasa hi'n gryman bach, bach. Rŵan 'ta, paid ag edrych ar y caws yn awchus, ond yn hytrach yn drist gan ei fod ar fin diflannu, fel popeth da. *(Mae'n ei wylio.)* Maen nhw ar d'ôl di. Am wn i fod hynny'n rhywbeth o dy blaid — ond be wn i nad ydyn nhw'n camgymryd? Fe gafodd

66

tirfeddiannwr ei grogi yn Tiflis unwaith — un o Dwrci oedd
o. Mi fedrodd brofi, wrth ei amddiffyn ei hun yn y llys,
ei fod wedi torri'r werin yn bedwar darn yn lle yn eu hanner
fel sy'n arferol. Hefyd ei fod wedi gwasgu dwywaith
cymaint o drethi allan ohonyn nhw â phawb arall. Doedd
dim amheuaeth nad oedd o'n frwd a gweithgar, ond fe
gafodd ei grogi fel dihiryn cyffredin 'mond am ei fod yn
dod o Dwrci. A doedd ganddo mo'r help am hynny. Peth
hollol anghyfiawn. Fel Peilat ar gam i'r Llyfr Gweddi, felly
yntau ar gam i'r grocbren . . . sy'n ffordd hirwyntog o
ddeud nad ydw i'n dy drystio di.

Y CANWR:
Rhoddodd Azdak wely i'r hen gardotyn.
Ond sylweddolodd wedyn mai'r Archddug oedd o,
    y dihiryn mwyaf.
Yna bu arno gywilydd. Cyhuddodd ei hun yn gyhoeddus.
Gorchmynnodd yr heddwas i'w hebrwng i'r llys yn Nukha
i'w ddedfrydu.

*(Yn yr iard o flaen y llys mae tri o'r Helmau Duon yn potio; mae
dyn mewn gwisg Barnwr yn crogi o golofn gyfagos. Gwelir
Azdak mewn cadwyni, yn llusgo Schauwa ar ei ôl.)*

AZDAK *(yn bloeddio)*: Fi helpodd yr Archddug i ddianc, y pen-
bandit, y bwtsiwr mawr. Dw i'n mynnu cael fy nedfrydu
mewn llys agored, yn enw cyfiawnder.

MILWR CYNTAF: Pwy ydy'r deryn rhyfedd yma?

SCHAUWA: Ein clerc, Azdak.

AZDAK: Un ffiaidd. Bradwr. Troseddwr. Styria, penbwl.
Mynnais gael fy nwyn yma i'r brifddinas mewn cadwyni
am i mi, y ffŵl, yn ddamweiniol ac yn esgeulus, roi lloches
i'r Archddug, hynny yw, i'r Archddihiryn ei hun. Wedyn
y sylweddolais i hynny, o ganfod y ddogfen yma yn fy
mwthyn. *(Mae'r Helmau Duon yn astudio'r ddogfen. Wrth
Schauwa)*: Fedran nhw ddim darllen. Edrychwch, mae'r
gŵr amlwg-euog yn ei gyhuddo'i hun. Dwed fel y
gorfodais i ti i redeg hefo fi hanner y nos i ddod yma i
setlo'r cyfan.

SCHAUWA: A hynny gan fy mygwth — doedd hynny ddim
yn beth neis iawn, Azdak.

AZDAK: Cau dy ben, Schauwa. Ti'm yn dallt. Wele oes newydd wedi gwawrio — fe sgubith drosot ti. Mae hi wedi darfod arnat ti. Caiff plismyn eu dileu. Fel diffodd cannwyll. Caiff pob camwedd ei archwilio a'i lusgo i olau dydd. Gwell felly yw i ddyn gyfaddef o'i wirfodd oherwydd nid oes modd osgoi barn y werin. Deud ti rŵan sut ro'n i'n bloeddio wrth ddod ar hyd Stryd y Cryddion. *(Mae'n ail-fyw'r cyfan, gan edrych drwy gil ei lygaid ar yr Helmau Duon.)* 'Gadewais i'r gwir ddihiryn ddianc yn f'anwybodaeth. Darniwch fi, o frodyr'. Er mwyn i mi achub y blaen ar fy nghyhuddwyr oll, 'ntê?

MILWR CYNTAF: A sut ymateb oedd 'na?

SCHAUWA: Yn Stryd y Cigyddion roeddan nhw'n ceisio'i gysuro, ac yn Stryd y Cryddion mi chwerthon nhw am ei ben o nes gwneud eu hunain yn swp sâl. A dyna'r cwbl.

AZDAK: Ond fe fyddwch *chi*'n wahanol, mi wn. Rydych yn haearnaidd yma. Frodyr, ymhle mae'r Barnwr? Rhaid i'm hachos i gael ei ddwyn i'w sylw.

MILWR CYNTAF *(yn pwyntio i fyny at yr un sy'n crogi)*: Dyma'r Barnwr. A rho'r gore i'n galw ni'n 'frodyr'. Mae'n clustiau ni'n dendar heno.

AZDAK: 'Dyma'r Barnwr!' Chlywyd mo'r ateb yna yn Grusinia erioed o'r blaen. Ddinasyddion, ymhle mae ei Fawrhydi y Rhaglaw? *(Mae'n dangos y grocbren.)* Dyma Ei Anrhydedd, o ddieithryn . . . Ymhle mae'r prif Gasglwr Trethi? Y Swyddog Listio? Yr Archesgob? Pennaeth yr Heddlu? Fan hyn. Ia, fan hyn, bob un copa walltog ohonyn nhw, Frodyr, hyn oeddwn i'n ei ddisgwyl gennych.

AIL FILWR: Stop. Beth oeddet ti'n ei ddisgwyl, y creadur hurt?

AZDAK: Wel, i'r hyn ddigwyddodd ym Mhersia ddigwydd yn y fan hyn hefyd.

AIL FILWR: Beth ddigwyddodd yn y fan honno, felly?

AZDAK: Roedd hyn i gyd tua deugain mlynedd yn ôl — eu crogi — pob un wan jac — holl weinidogion y llywodraeth a'r dynion treth incwm a 'ballu. Fe welodd fy nhaid nhw wrthi — un garw oedd o. Tridiau fuon nhw wrthi — ym mhobman.

AIL FILWR: Pwy fu'n rheoli 'ta, wedi i'r gweinidogion gael eu crogi?

AZDAK: Un o'r werin.

AIL FILWR: A phwy oedd yn arwain y fyddin?

AZDAK: Milwr, 'sti.

AIL FILWR: Pwy oedd yn talu eu cyflogau?

AZDAK: Lliwiwr gwlân wnâi hynny.

AIL FILWR: Wyt ti'n siŵr nad gwneuthurwr carpedi oedd o?

MILWR CYNTAF: Pam hyn i gyd, y Persiad i ti?

AZDAK: Pam hyn i gyd? Oes raid cael rheswm arbennig? Mae fel gofyn pam mae eira yn wyn. Y rhyfel siŵr iawn. Y rhyfel yn para'n rhy hir. A dim cyfiawnder i'w gael. Byddai fy nhaid yn arfer canu rhyw gân ddysgodd o tra oedd o yno, cân am y digwyddiadau. Fe wna i a'm ffrind y plismon ei chanu hi i chi. *(Wrth Schauwa)*: A dal di'r rhaff 'na'n iawn — mae hynny'n rhan o'r peth. *(Mae Azdak yn canu, a Schauwa yn dal y rhaff.)*

Paham nad yw'n meibion yn gwaedu mwyach, na'r merched yn wylofain?
Pam mai'r lloi yn y lladd-dy'n unig sy'n gwaedu mwyach?
Neb yn galaru ond yr helyg yn blygeiniol ger y llyn?
Mae'r brenin am goncro talaith newydd, a'r ffermwr yn cyfrannu'i bres llefrith i'r achos.
I orchfygu'r tir uchel ar ben y byd, rhaid gwerthu'r hen doi ar dai y werin.
Caiff ein hogiau eu llusgo i bob cwr fel bod y mawrion yn cael gwledda gartre.
Y milwyr yn lladd milwyr eraill di-fai; cadfridogion yn cyfarch ei gilydd.
Cymryd hatling y weddw mewn trethi, a'i frathu i brofi dilysrwydd.
Fe dyr y cleddyfau, fe gollir y frwydr — ond fe dalwyd pris yr helmau oll.
Felly mae hi? Ia?

SCHAUWA *(yn canu)*: Ia, ia, felly mae hi.

AZDAK: Ydych chi am gael clywed y gweddill? *(Nodia'r Milwr Cyntaf.)*

69

AIL FILWR *(wrth yr heddwas)*: Ddysgodd o'r gân i ti?

SCHAUWA: Do, ond sgen i ddim llais da iawn.

AIL FILWR: Gwir. *(Wrth Azdak)*: Yn dy flaen.

AZDAK: Mae'r ail bennill yn sôn am yr heddwch.

> Mae'r swyddi yn orlawn — swyddogion, hyd yn oed, allan
>   ar y stryd.
> Mae'r afonydd hefyd yn gorlifo, ac yn difrodi'r caeau.
> Dynion na allant dynnu'u trywsusau'u hunain
> Sy'n teyrnasu dros ymerodraethau eang.
> Rhai nad oes clem ganddynt sut i gyfrif at bedwar,
> Ond fe fwytânt wyth cwrs mewn un pryd.
> Mae'r rhai sy'n tyfu corn yn chwilio am gwsmeriaid —
> Ond pobl newynog yn unig a welant.
> Mae'r gwehyddion mor ddiwyd yn codi o'r wŷdd
> A'u dillad yn garpiog i gyd.
> Felly mae hi? Ia?

SCHAUWA: Ia, ia, felly mae hi.

AZDAK:

> Dyna pam nad yw'n meibion yn gwaedu mwyach.
> Dyna pam nad yw'n merched yn wylo.
> Dyna pam nad oes gwaed ond mewn lloi yn y lladd-dy.
> Na neb yn galaru ond yr helyg yn drist
> Tua'r wawr ger y llyn.

MILWR CYNTAF *(wedi saib)*: Wyt ti'n bwriadu canu honna
o gwmpas y dre?

AZDAK: Pam lai?

MILWR CYNTAF: Weli di'r wawr yn goch draw ffor'cw? *(Azdak
yn troi i edrych.)* Tân. Mae'r faestref yn wenfflam. Fore
heddiw, pan orchmynnodd y tywysog Kazbeki dorri pen
y rhaglaw, fe gafodd y gwneuthurwyr carpedi y clwy
chwyldroadol hefyd, fel ym Mhersia gynt, a dechrau
meddwl tybed nad oedd y tywysog Kazbeki ei hun yn
byw'n rhy foethus. Ac fe grogon nhw'r Barnwr cyn cinio.
O do, fe falon *ni* nhw'n rhacs am ddau piaster y pen. Dallt?

AZDAK *(ar ôl saib)*: Dallt.

*(Edrycha arnynt yn swil braidd, a sleifio o'r neilltu. Eistedda
ar lawr a'i ben yn ei ddwylo.)*

70

MILWR CYNTAF *(wrth y trydydd, wedi i bob un ohonynt ddrachtio)*: Gwylia hyn rŵan . . .

(Aiff y Milwr Cyntaf a'r Ail at Azdak a sefyll yn y fath fodd fel na all o ddianc.)

SCHAUWA: Chreda i ddim ei fod yn ddyn drwg mewn gwirionedd, foneddigion — 'mond tuedd i ddwyn ieir ac ambell sgyfarnog weithiau.

AIL FILWR *(yn camu at Azdak)*: Fe ddoist ti yma i fanteisio ar yr helynt, 'ndo?

AZDAK *(yn edrych i fyny arno)*: Dwn i ddim pam ddois i, wir.

AIL FILWR: Wyt ti'n un o'r rheiny sy'n ochri hefo'r bois gwneud carpedi? *(Mae Azdak yn ysgwyd ei ben.)* Hy. A beth am y gân 'na?

AZDAK: Cân fy nhaid oedd honna — dyn dwl, diaddysg.

AIL FILWR: Ia. A beth am y lliwiwr hwnnw oedd yn talu'r cyflogau?

AZDAK: Ym Mhersia oedd hynny.

MILWR CYNTAF: Ac roeddet ti'n teimlo'n euog na wnest ti ddim crogi'r Archddug hefo dy ddwylo dy hun . . .?

AZDAK: Ddwedais i ddim wrthych chi 'mod i wedi gadael iddo ddianc?

SCHAUWA: Dw i'n dyst i hynny. Fe wnaeth o.

(Llusgir Azdak, ac yntau'n bloeddio, gan yr Helmau Duon at y grocbren. Yna gollyngant ef yn rhydd ac fe chwarddant yn afreolus. Ymuna Azdak yn yr hwyl a chwardd yn uwch na neb. Agorir ei rwymau. Mae pawb yn setlo i yfed. Daw'r tywysog tew i mewn yng nghwmni gŵr ifanc.)

MILWR CYNTAF: Dyma ti dy oes newydd yn gwawrio.

(Chwerthin mawr eto.)

TYWYSOG TEW: Beth sydd mor ddoniol, gyfeillion? Caniatewch i mi ddweud gair reit ddifrifol. Bore ddoe fe lwyddodd tywysogion Grusinia i ddymchwel llywodraeth ryfelgar yr Archddug a chael gwared ar bob rhaglaw o'i eiddo. Yn anffodus, cafodd yr Archddug ei hun ddihangfa. Yn yr awr dyngedfennol honno bu'r gwneuthurwyr carpedi — draenen barhaol yn ein hystlys — yn ddigon haerllug i fanteisio ar y cyfle i greu terfysg gan grogi ein hannwyl

71

Orbeliani, sef Barnwr poblogaidd y ddinas. Twt, twt. Gyfeillion, mae angen heddwch arnom, ia, heddwch i Grusinia. Cyfiawnder hefyd. A dyma finnau felly yn cyflwyno Bizergan Kazbeki ger eich bron — nai i mi a gŵr medrus. Rydw i'n ei *gynnig* yn Farnwr — y werin sydd â'r hawl i benderfynu.

MILWR CYNTAF: Ydy hynny'n golygu mai *ni* sydd i ddewis ein Barnwr?

TYWYSOG TEW: Dyna ni, ydy. Fe ddewisa'r werin bobl ddyn addas i'r swydd. Cewch ymgynghori, ffrindiau. *(Mae'r Helmau Duon yn rhoi eu pennau at ei gilydd.)* Paid ti â phoeni, 'rhen gadno — mae'r swydd yn saff gen ti. Ac unwaith y byddwn ni wedi dal yr Archddug fydd dim rhaid i ni lyfu tin y rafins 'ma ddim mwy.

HELMAU DUON *(ymysg ei gilydd)*: Maen nhw'n amlwg yn gwneud yn eu trywsusau am nad ydyn nhw byth wedi dal yr Archddug. I'r clerc 'ma mae'r diolch am hynny. Fo adawodd iddo ddianc. 'Dyn nhw ddim yn rhy siŵr o'u pethau neu chlywsen ni byth gymaint o 'Gyfeillion' a 'hawl y werin' a 'ballu — nawr mae e hyd yn oed yn mynnu cyfiawnder i Grusinia! Duwcs, waeth i ni ymuno yn y gêm. Beth am ofyn barn y clerc — tebyg y gŵyr o rywbeth am gyfiawnder. Hei, y cnaf, faset ti'n hoffi gweld y nai 'na'n Farnwr?

AZDAK: Gofyn i mi 'dach chi?

MILWR CYNTAF: Ia. Sut hoffet ti'r nai 'na'n Farnwr?

AZDAK: Be? Gofyn i mi 'dach chi? Rioed?

AIL FILWR: Pam lai? Dipyn o sbort.

AZDAK: Eisiau rhoi prawf ar y dyn 'ma ydych chi, yntê? Beth am i chi ddod â dihiryn profiadol o'i flaen, er mwyn iddo gael cyfle i ddangos ei ddawn?

TRYDYDD MILWR: Ew, gad i mi feddwl . . . Mae'r ddau feddyg o osgordd hwch y rhaglaw gennym ni. Fe wnân nhw'r tro.

AZDAK: Na! Stop! Wnaiff hynny mo'r tro! Erbyn ystyried, ddylech chi ddim defnyddio dihirod go iawn heb i'r Barnwr fod wedi'i benodi'n swyddogol. Efallai mai bustach ydy o, ond rhaid ei glymu wrth y rhastal neu rydych yn sarhau'r gyfraith a niweidio achos cyfiawn. Fe allech chi grogi'r ddau'n ddi-lol heb effeithio dim ar y gyfraith oherwydd na fyddai unrhyw Farnwr yn ymwneud â'r peth. Ond rhaid bod yn sobor ac urddasol wrth lefaru geiriau'r gyfraith. Dyma i chi enghraifft — mae Barnwr yn dedfrydu gwraig i gyfnod yn y carchar am iddi ddwyn torth i fwydo'i phlentyn. Reit. Popeth yn iawn. Ond petai o'n traddodi'r ddedfryd *heb* fod â'i glogyn amdano, neu ei fod yn ei grafu'i hun fel bod rhan go dda ohono'n cael ei ddinoethi — ddwedwn ni ei fod eisiau crafu reit yn nhop ucha'i glun — wel, mewn achos felly byddai'r ddedfryd yn warth. Hurt, 'ntê? Haws fyddai i glogyn a gwallt gosod y Barnwr gyhoeddi dedfryd ar eu pennau eu hunain nag i Farnwr iawn wneud *heb* fod yn eu gwisgo. Hebddynt fe ddiflanna parch at y gyfraith fel chwa o fwg. Rhaid i chi fod yn wyliadwrus. Fuasech chi ddim yn profi gwydraid o win trwy ei roi i gi i'w flasu — ffordd dan gamp fuasai hynny o golli'r gwin pob diferyn.

MILWR CYNTAF: Ew, un da wyt ti am hollti blew. Be wyt ti'n awgrymu 'ta?

AZDAK: Fe actia i ran y cyhuddiedig i chi. Dw i 'di meddwl sut un hefyd. *(Mae'n sibrwd rhywbeth wrthynt.)*

MILWR CYNTAF: Ti?

(Mae pawb yn chwerthin yn groch.)

TYWYSOG TEW: Beth benderfynoch chi?

MILWR CYNTAF: Rydyn ni am osod prawf — caiff ein cyfaill glew fan hyn chwarae rhan y cyhuddiedig a chaiff yr ymgeisydd eistedd ar fainc y Barnwr.

TYWYSOG TEW: Braidd yn anarferol, ond pam lai? *(Wrth ei nai)*: 'Mond mynd drwy'r mosiwns, y cadno bach. Ti'n cofio'r hanes? Pwy enillodd y ras — y cyflym 'ta'r cymedrol?

NAI: Y cyfrwys, d'ewyrth Arsen.

(Eistedda'r nai ar y fainc, a saif y tywysog tew y tu ôl iddo. Mae'r Helmau Duon yn eistedd ar y grisiau. Daw Azdak i mewn ar ras, yn cerdded yn union fel yr Archddug — does dim modd osgoi'r tebygrwydd.)

AZDAK: Oes rhywun yma'n f'adnabod? Fi yw'r Archddug.

TYWYSOG TEW: Pwy ydy o?

AIL FILWR: Yr Archddug. Mae o wir *yn* ei adnabod.

TYWYSOG TEW: Iawn.

MILWR CYNTAF: Ymlaen â'r achos.

AZDAK: Clywais fy mod yn cael fy nghyhuddo o greu rhyfel. Chwerthinllyd. Cwbl chwerthinllyd. Digon? Os *na*, mae gen i dwrneiod — pum cant, rwy'n credu. *(Mae'n pwyntio y tu ôl iddo, fel petai llu o dwrneiod yno.)* Cadwch yr holl seddau yn y neuadd iddynt.

(Mae'r Helmau Duon yn chwerthin, y tywysog tew gyda hwy.)

NAI *(wrth yr Helmau Duon)*: Ydych chi am i mi drin yr achos? Dw i'n ei gael braidd yn amheus o safbwynt chwaeth, rhaid cyfaddef.

MILWR CYNTAF: Mlaen â thi.

TYWYSOG TEW *(dan wenu)*: Rho hi iddo fo, y cadno bach.

NAI: Iawn. Gwerin Grusinia yn erbyn yr Archddug. Beth sydd gan y carcharor i'w ddweud?

AZDAK: Digonedd. Darllenais — rhyfel wedi'i cholli. Wedi cyhoeddi rhyfel ar y cychwyn ar gyngor gwladgarwyr fel d'ewyrth Kazbeki. Galwaf arno fo felly'n dyst.

(Mae'r Helmau Duon yn chwerthin.)

TYWYSOG TEW *(yn glên i gyd wrth yr Helmau Duon)*: Un garw, 'ntê?

NAI: Gwrthodir y cais. Ni'ch cyhuddir o gychwyn rhyfel — rhaid i bob gwladweinydd wneud hynny o bryd i'w gilydd — ond yn hytrach o'i drefnu'n wael.

AZDAK: Lol. Ddim fi oedd yn trefnu. Gadael hynny i eraill. Y tywysogion. Nhw'n cawlio.

NAI: Ydych chi'n ceisio gwadu mai'ch cyfrifoldeb chi oedd rhoi arweiniad?

AZDAK: Ddim o gwbl. Fi'n rhedeg popeth ers cyn co. Rhoi gorchymyn i nyrs yn syth ar ôl cael fy ngeni. Wedi fy magu i gachu'n llwyth yn dwt yn y man priodol. Rhoi gorchmynion. Clercod yn dwyn o'r coffrau ar fy ngorchymyn i. Swyddogion 'mond yn chwipio milwyr ar fy ngorchymyn i. Meistri tir 'mond yn cysgu hefo gwragedd tenantiaid ar siars bendant. D'ewyrth Kazbeki wedi magu'r bol 'run modd.

YR HELMAU DUON *(yn cymeradwyo)*: Un da 'di hwn. Hir oes i'r Archddug!

TYWYSOG TEW: Tyrd, y cadno. Ateb iddo rŵan. Dw i hefo ti.

NAI: Fe ro i ateb iddo yn cyfateb i urddas y llys. Garcharor, byddwch ofalus o urddas y llys!

AZDAK: Cytunaf. Gorchmynnaf — ymlaen â'm hachos!

NAI: Dydych chi ddim mewn sefyllfa i roi gorchmynion i mi. Fe honnwch felly i'r tywysogion eich gorfodi i gychwyn rhyfela. Sut wedyn allwch chi honni iddyn nhw wneud cawl o bethau?

AZDAK: Wnaethon nhw ddim anfon digon o ddynion. Twyllo hefo pres. Dod â cheffylau sâl. Meddwi mewn puteindra yn ystod yr ymosod. Galwaf d'ewyrth Kazbeki'n dyst.

(Mae'r Helmau Duon yn chwerthin.)

NAI: Ydych chi'n awgrymu o ddifrif na frwydrodd tywysogion y wlad yma'n iawn?

AZDAK: Na. Tywysogion *wedi* brwydro. Brwydro am gytundebau i gyflenwi nwyddau i fyddin.

TYWYSOG TEW *(ar ei draed)*: Mae hyn yn mynd yn rhy bell! Mae o'n siarad fel un o'r gwneuthurwyr carpedi.

AZDAK: Wir? 'Mond dweud y gwir.

TYWYSOG TEW: Crogwch o! Crogwch o!

MILWR CYNTAF: Gan bwyll. Ymlaen, Eich Mawrhydi.

NAI: Tawelwch! Rhoi dedfryd rŵan. Rhaid crogi. Gerfydd ei wddf — am golli rhyfel. Dyna gyhoeddi dedfryd nad oes modd ei gwyrdroi.

TYWYSOG TEW *(yn hysterig)*: Ymaith â fo. Ia. Ymaith. O 'ma.

AZDAK: Ŵr ifanc. Eich cynghori o ddifri — dim llithro i siarad byr a chwta yn gyhoeddus. Dim cael swydd fel ci gwarchod os yn udo fel blaidd. Dallt?

TYWYSOG TEW: Crogwch o!

AZDAK: Os pobl sylwi fod tywysogion siarad fel Archddug, caiff tywysogion ac Archddug eu crogi wedi'r cwbl. Gyda llaw, fi'n gwyrdroi dedfryd. Pam? Rhyfel wedi colli — gwir. Ond nid felly'r tywysogion. Nhw wedi *ennill*. Wedi gwneud 3,863,000 piaster — gwerthu ceffylau, a heb eu danfon.

TYWYSOG TEW: Crogwch o!

AZDAK: 8,240,000 am gyflenwadau bwyd a'r ʳheini heb gyrraedd.

TYWYSOG TEW: Crogwch o!

AZDAK: Nhw'n fuddugol. Grusinia'n unig sydd wedi colli'r rhyfel. Grusinia ddim yn bresennol yn y llys.

TYWYSOG TEW: Dw i'n credu y bydd hynna'n ddigon, gyfeillion. *(Wrth Azdak)*: Ffwrdd â thi, y gwalch. *(Wrth yr Helmau Duon)*: Dw i'n teimlo y gallwch chi sefydlu'r Barnwr newydd rŵan.

MILWR CYNTAF: Gallwn wir. Estynnwch y clogyn i lawr. *(Saif un o'r Helmau Duon ar ysgwyddau un o'r lleill i'w dynnu oddi ar y Barnwr a grogwyd.) A rŵan (wrth y nai) symud ti er mwyn i'r tin iawn gael eistedd ar y fainc. (Wrth Azdak)*: Tyrd, eistedd ar fainc y Barnwr. *(Azdak yn amheus.)* Stedda, ddyn. *(Caiff Azdak ei wthio at y fainc gan yr Helmau Duon.)* Rêl cnaf fu'r Barnwr wastad, felly caiff cnaf arall fod yn Farnwr rŵan. *(Rhoir y clogyn amdano a basged dal potel win ar ei ben.)* Dyna i chi Farnwr. Drychwch!

Y CANWR:
Roedd rhyfel cartre yn y wlad, y meistri yn ansicr;
Ac Azdak ddaeth yn Farnwr, dewis yr Helmau Duon.
Bu'n Farnwr am ddwy flynedd.

Y CANWR A'I GERDDORION:
Bu tanau mawr yn llosgi,
Y trefi coch a'r gwaedu,
Cocratsys a phry cops yn heidio'n bac,
Bwtsiwr cas yn borthor
Dihiryn wrth yr allor
A gwisgo clogyn Barnwr mae Azdak.

(Ar fainc y Barnwr gwelir Azdak yn plicio afal. Mae Schauwa'n sgubo'r llawr. Ar un ochr mae claf mewn cadair olwyn, y meddyg cyhuddiedig a dyn â herc ganddo — hwnnw'n garpiog. Yr ochr arall mae gŵr ifanc wedi'i gyhuddo o flacmêl. Saif un o'r Helmau Duon ar ddyletswydd gyda'i faner.)

AZDAK: Oherwydd y nifer uchel o achosion a ddaw gerbron, caiff dau achos eu trafod ar y tro heddiw. Cyn dechrau — cyhoeddiad byr. Rydw i'n barod i dderbyn! *(Mae'n rhoi ei law allan. Y blacmêliwr yn unig sy'n estyn arian ac yn ei roi iddo.)* Cadwaf yr hawl i gosbi un o'r cwmni yma *(gan edrych ar y claf)* am ddirmyg llys. *(Wrth y meddyg)*: Ti yw'r meddyg a ti *(wrth y claf)* sy'n ei gyhuddo. Y meddyg felly sy'n gyfrifol am dy gyflwr?

CLAF: Ia. Fe ges i strôc o'i herwydd o.

AZDAK: Esgeulustod proffesiynol.

CLAF: Gwaeth na hynny. Rhois fenthyg arian i'r creadur iddo gael astudio. Ni thalodd sentan yn ôl i mi. A phan glywais ei fod yn trin rhyw glaf yn ddi-dâl fe ges i drawiad.

AZDAK: Gweld dim bai, wir. *(Wrth y dyn â'r herc)*: A be wyt ti eisiau?

DYN Â'R HERC: Fi yw'r claf hwnnw, F'Arglwydd Farnwr.

AZDAK: Mi fu'n trin dy goes di, felly.

DYN Â HERC: Ddim yr un iawn. Roedd gen i gryd cymalau yn y goes chwith, ac fe ges lawdriniaeth ganddo ar yr un dde. Dyna sut mae gen i herc.

AZDAK: A'r driniaeth honno'n ddi-dâl?

CLAF: Llawdriniaeth gwerth pum can piaster — am ddim. Am ddim byd ond 'Diolch, a Duw a'ch bendithia'. A finnau wedi talu iddo gael astudio. *(Wrth y meddyg)*: Ddysgon nhw i ti drin cleifion am ddim yn yr ysgol 'na?

MEDDYG *(wrth Azdak)*: Eich Anrhydedd, mae'n wir yn beth arferol i dderbyn y ffî cyn rhoi triniaeth, a hynny am fod y claf fel arfer yn barotach i dalu bryd hynny nag ar ôl, a hawdd deall hynny; ond yn yr achos yma, pan es i ati i wneud y gwaith roeddwn yn llwyr argyhoeddedig fod fy nghynorthwywyr eisoes wedi derbyn y ffî. Roeddwn wedi camgymryd yn hynny o beth.

CLAF: Wedi camgymryd? Dyw meddyg da ddim yn camgymryd. Mae'n archwilio cyn torri.

AZDAK: Cywir. *(Wrth Schauwa)*: Swyddog Erlyniadau Cyhoeddus, beth sy wrth wraidd yr achos arall?

SCHAUWA *(yn sgubo'n brysur)*: Blacmêl.

Y CYHUDDIEDIG: F'Arglwydd Farnwr — dw i'n ddieuog. 'Mond holi rhyw sgweiar neilltuol wnes i a oedd o'n wir ei fod wedi treisio ei nith. Fe eglurodd yn gwrtais nad oedd wedi cyflawni'r weithred ddywededig a rhoddodd yr arian yn rhodd i mi i alluogi f'ewythr i astudio cerddoriaeth.

AZDAK: Aha. *(Wrth y meddyg)*: Ond chi, doctor, does dim amgylchiadau sy'n lleddfu rhywfaint ar eich gweithred ysgeler?

MEDDYG: Dim ond fod camgymryd yn beth meidrol.

AZDAK: Ac fe wyddoch fod meddyg da yn ymwybodol o'i gyfrifoldeb mewn materion ariannol? Fe glywais am feddyg unwaith a wnaeth fil piaster allan o foi oedd wedi sigo'i fys. Fe aeth i lawer o drafferth i ddarganfod fod a wnelo cylchrediad y gwaed â'r peth — fuasai meddyg sâl byth wedi meddwl am beth clyfar fel 'na. Ac ar achlysur arall troes goden y bustl gyffredin yn ffynhonnell aur trwy ei thrin yn ofalus. Does dim esgus 'da chi, doctor. Wyddoch chi fod Uxu, y gwerthwr grawn, wedi anfon ei fab i astudio meddygaeth er mwyn iddo gael ei drwytho yn y busnes o wneud pres? Mae'r colegau meddygol yn dysgu *hynny*'n effeithiol iawn o leiaf. *(Wrth y blacmêliwr)*: Beth yw enw'r sgweiar?

SCHAUWA: Nid yw'n fodlon cael ei enwi.

AZDAK: Dyma ddedfrydu felly. Profwyd y cyhuddiad o flacmêl yn un dilys; ac rwyt ti *(wrth y claf)* i dalu dirwy o fil piaster. Os cei di drawiad arall, fe fydd yn rhaid i'r meddyg dy drin yn ddi-dâl ac o bosib dorri ymaith y rhan berthnasol. *(Wrth y dyn â'r herc)*: Cei di iawndal o botelaid o frandi da. *(Wrth y blacmêliwr)*: Rhaid i hanner dy ffî gael ei thalu i goffrau'r Swyddog Erlyniadau Cyhoeddus — hynny am fod y llys yn fodlon cadw enw'r sgweiar yn gyfrinach. Yn ogystal — fe'th gynghorir i astudio meddygaeth gan dy fod yn amlwg yn addas i ymgymryd â'r cyfryw waith. A thithau, doctor, cei dy ryddhau am gyflawni camwedd broffesiynol anfaddeuol. Yr achosion nesa!

Y CANWR A'I GERDDORION:

Dyw Barnwr ystwyth ddim yn rhad.
Na Barnwr drud i'w drystio.

Prynu cath mewn cwd yn wir yw'r gyfraith.
Felly rhaid cael ffordd amgenach,
Setlo popeth wrth farnu'n slic.
Azdak wnaiff hyn oll i ni am gnegwarth.

(Allan o dafarn ar y briffordd daw Azdak, a'r tafarnwr ar ei ôl — hen ŵr â barf laes. Yn eu dilyn mae mainc y Barnwr, yn cael ei llusgo gan was a Schauwa. Mae un o'r Helmau Duon yn codi'r faner.)

AZDAK: Rhowch hi yn y fan hyn ac fe gawn ni awel fach dyner o'r coed lemwn 'cw. Mae'n beth llesol i drin y gyfraith yn yr awyr iach. Duwies o'r enw Justicia yw'r gyfraith a da o beth yw i'r gwynt gael codi ychydig ar odre'i gwisg er mwyn i bawb gael gweld beth sydd odani. Schauwa, fe fuon ni'n gorfwyta, ac mae'r teithiau rheolaidd 'ma'n dreth arnom. *(Wrth y tafarnwr)*: Dy ferch-yng-nghyfraith yw'r broblem, os ydw i'n deall yn iawn.

TAFARNWR: F'Arglwydd Farnwr — mater o anrhydedd teuluol yw hyn. Dof â'r gŵyn gerbron ar ran fy mab sy ar daith fusnes dros y mynyddoedd 'cw. Dyma'r gwas sydd wedi tramgwyddo a dyma fy merch-yng-nghyfraith druan.

(Daw hi 'mlaen. Merch â chorff llawn ganddi. Mae ganddi orchudd dros ei hwyneb.)

AZDAK *(yn eistedd)*: Dw i'n barod i dderbyn. *(Mae'r tafarnwr yn ochneidio ac yn rhoi arian.)* Reit, dyna'r rhan ffurfiol drosodd. Achos o drais yw hwn felly?

TAFARNWR: F'Arglwydd Farnwr, dois ar draws y gwas yn ddirybudd yn y stabl, ac yntau yn gorwedd yn y gwair hefo Ludowica.

AZDAK: Ia, iawn. Y stabl. Ceffylau campus yno. Yr un golau a'm plesiodd yn fawr.

TAFARNWR: Wrth gwrs, yn absenoldeb fy mab, fe holais Ludowica yn syth.

AZDAK *(o ddifri)*: Fe'm plesiodd yn fawr, meddwn i.

TAFARNWR *(yn oeraidd)*: Felly wir? Cyfaddefodd hi i'r gwas ei chymryd yn erbyn ei hewyllys.

AZDAK: Tyn y gorchudd 'na, Ludowica. *(Mae hi'n gwneud.)* Ludowica, rwyt ti'n rhoi cryn bleser i swyddogion y llys.

Adrodd di i ni sut bu hi.

LUDOWICA *(fel petai wedi dysgu'r rhan fel parot)*: Pan es i'r stabl i weld yr ebol newydd, fe ddywedodd y gwas wrthyf, heb ei gymell o gwbl, 'Mae hi'n boeth heddiw', a rhoi'i law ar fy mron chwith. Meddwn innau wrtho: 'Paid' ond fe aeth ymlaen i gyffwrdd ynof mewn ffordd anweddus, gan fy nghynddeiriogi. Cyn i mi fedru sylweddoli beth oedd ei fwriad aflan a phechadurus, roedd wedi mynd llawer ymhellach. Roedd y peth wedi digwydd pan ddaeth fy nhad-yng-nghyfraith i mewn a sathru arna i'n ddamweiniol.

TAFARNWR *(yn egluro)*: Ar ran fy mab.

AZDAK *(wrth y gwas)*: Wyt ti'n cyfadde mai ti ddechreuodd?

GWAS: Ydw.

AZDAK: Ludowica, wyt ti'n hoffi pethau melys?

LUDOWICA: Ydw. Mi fydda i'n hoff o gnoi hadau blodau'r haul, er enghraifft.

AZDAK: Wyt ti'n hoffi socian yn hir yn y twb?

LUDOWICA: Wel, ydw. Am ryw hanner awr ar y tro.

AZDAK: Swyddog Erlyniadau Cyhoeddus, rho dy gyllell fan 'cw, ar lawr. *(Mae Schauwa yn gwneud.)* Ludowica, dos i godi cyllell y swyddog. *(Ludowica yn mynd, gan siglo'i phenôl, ac yn codi'r gyllell. Azdak yn pwyntio ati.)* Welwch chi hynna? Fel mae'n siglo? Dyna ni wedi darganfod y drwg yn y caws. Dyna'r achos o dreisio wedi'i brofi. Trwy fwyta gormod o bethau melys, a gorwedd yn rhy hir mewn dŵr cynnes, a diogi, a bod â chroen meddal, tlws, rwyt *ti* wedi treisio'r creadur druan 'cw. Dwyt ti rioed yn disgwyl medru cerdded o gwmpas y lle 'ma hefo pen-ôl fel 'na a chael dianc yn rhydd? Achos yw hyn o ymosod yn fwriadol hefo arf peryglus. Cei dy ddedfrydu i dalu'r ceffyl bach golau i'r llys — yr un fu dy dad-yng-nghyfraith yn ei farchogaeth yn absenoldeb ei fab. A rŵan, Ludowica, gei di ddod hefo fi i'r stabl er mwyn i'r Barnwr gael dod yn gyfarwydd â lleoliad y weithred.

(Ar hyd priffyrdd Grusinia, cludir Azdak ar ei fainc o le i le gan yr Helmau Duon. Y tu ôl iddo daw Schauwa yn llusgo'r grocbren a gwas yn arwain y ceffyl golau.)

Y CANWR A'I GERDDORION:
> Pan mae'r mawrion oll yn ffraeo
> Byd y tlodion sy'n goleuo,
> Llai o ddwyn a gwasgu gan y pac.
> I fyny ac i lawr y wlad,
> Hefo mesur ffals a phwysau gwag,
> Daeth ein harwr, barnwr y tlodion — Azdak.

> Ac fe g'merai gan y mawrion,
> Ei roi o wedyn oll i'r tlodion;
> Deigryn ffals o ddiemwnt — ei arwyddlun.
> Cael y rafins i'w amddiffyn
> Wnaeth y Barnwr anghyffredin.
> Un da i wlad Grusinia oedd 'rhen Azdak.

(Yr osgordd fach yn pellhau.)

> Os am helpu dy gymdogion
> Bwyeill wedi'u hogi wnaiff;
> Nid rhyw seboni Beiblaidd am eu caru.
> Waeth ti heb â sôn am wyrthia
> Bwyall wnaiff i gyfoeth syrthio
> Reit i lin y tlawd — dyna wyrthia Azdak.

(Mae'r fainc mewn tafarn win. Saif tri ffermwr llewyrchus o flaen Azdak. Daw Schauwa â gwin iddo. Yn y gornel saif hen wreigan werinol. Mae'r drws ar agor. O'i gwmpas ac oddi allan saif trigolion y pentref yn gynulleidfa. Mae un o'r Helmau Duon ar ddyletswydd â'i faner.)

AZDAK: Swyddog Erlyniadau Cyhoeddus i agor y mater.

SCHAUWA: Buwch sy wrth wraidd yr anghydfod. Ers pum wythnos mae buwch ym meudy'r cyhuddiedig a honno, sef y fuwch, yn eiddo i'r sgweiar Suru. Cafwyd bod y wraig â mochyn wedi'i halltu hefyd yn ei meddiant — hwnnw yr un modd wedi'i ddwyn. A lladdwyd gwartheg oedd yn eiddo i'r ffermwr Schuteff wedi iddo ofyn i'r cyhuddiedig dalu rhent rhyw gae.

Y FFERMWYR: Fy mochyn *i* ydy o, Eich Anrhydedd . . . Fi pia'r fuwch, Eich Anrhydedd . . . Fy nghae i ydy o, Eich Anrhydedd.

AZDAK: Wel, Nain. Be sgen ti i'w ddweud?

HEN WRAIG: Eich Anrhydedd, ryw bum wythnos yn ôl daeth

rhywun i guro ar fy nrws i yn oriau mân y bore — gŵr
barfog oedd yno hefo buwch, ac mi ddwedodd, 'Madam,
fi yw'r Sant Ysbeiliws, yr hwn sy'n gwneud gwyrthiau,
a chan i ti golli dy fab yn y rhyfel, dyma i ti fuwch i gofio
amdano. Edrycha di ar ei hôl hi'n dda.'

Y FFERMWYR: Eich Anrhydedd, dyna'r gwylliad, Irakli, ei
brawd-yng-nghyfraith — lleidr gwartheg a llosgwr eiddo,
Eich Anrhydedd. Rhaid ei ddienyddio!

*(Oddi allan clywir sgrech dynes; mae'r dorf yn anesmwytho ac
yn symud o'r neilltu. Daw Irakli, y gwylliad, i mewn yn cario
bwyell enfawr.)*

Y FFERMWYR: Irakli! *(Maen nhw'n ymgroesi.)*

GWYLLIAD: Noswaith dda, gyfeillion. Gwydraid o win!

AZDAK: Swyddog Erlyniadau Cyhoeddus, jwg o win i'n gwestai.
A phwy wyt ti?

GWYLLIAD: Meudwy ar grwydr, Eich Anrhydedd, a diolch am
eich caredigrwydd. *(Mae'n drachtio'r gwin a gafodd gan
Schauwa.)* Un arall.

AZDAK: Azdak ydw i. *(Mae'n codi ac yn ymgrymu. Gwna'r
herwr yr un modd.)* Croeso'r llys i'r meudwy dieithr.
Ymlaen â dy stori, Nain.

HEN WRAIG: Syr, y noson gynta honno, wyddwn i ddim fod y
Sant Ysbeiliws yn gallu cyflawni gwyrthiau — 'mond y
fuwch oedd 'na. Ond ychydig ddyddiau'n ddiweddarach
daeth gweision y sgweiar yn y nos i geisio cymryd y fuwch
oddi arna i. Ond fe droesant rownd wrth y drws a'i heglu
hi'n ôl heb y fuwch — ac roedd ganddynt lympiau maint
fy nwrn ar eu pennau. Wedyn fe sylweddolais fod y Sant
Ysbeiliws wedi rhoi calon newydd iddynt a'u gwneud yn
bobl annwyl.

(Mae'r herwr yn chwerthin.)

FFERMWR CYNTAF: Dw i'n gwybod beth achosodd y newid.

AZDAK: Da iawn ti. Cei ddweud wrthyn ni wedyn. Ymlaen â'r
stori.

HEN WRAIG: Syr, y nesa i droi'n ddyn da oedd y ffermwr cefnog,
Schuteff — rêl diawl — mae pawb yn gwybod amdano. Ond
fe lwyddodd y Sant Ysbeiliws i'w berswadio i roi'r cae i

mi'n ddi-rent.

AIL FFERMWR: Am fod fy ngwartheg yn cael eu lladd hyd y caeau.

(Yr herwr yn chwerthin.)

HEN WRAIG *(wedi iddi gael arwydd gan Azdak ar iddi fynd yn ei blaen)*: A wedyn dyma'r darn cig moch 'ma'n hedfan i mewn drwy'r ffenestr un bore. Fe'm trawodd reit yn fy nghefn — mae'n dal i frifo, reit fan hyn. *(Dengys iddynt. Mae'r herwr yn chwerthin.)* A dyma fi'n gofyn i chi o ddifri, syr — sut gafodd rhyw greadures dlawd fel fi gig moch erioed ond trwy wyrth?

(Mae'r herwr yn dechrau wylo'n swnllyd.)

AZDAK *(yn codi o'r fainc)*: Nain annwyl. Dyna gwestiwn sy'n cyffwrdd yng nghalon y llys. Bydd mor garedig ag eistedd. *(Aiff hi'n betrusgar i eistedd yn ei sedd o. Eistedd yntau ar lawr, ei wydryn yn ei law.)*

Nain fach, bron i mi dy alw'n Grusinia.
Ti'n cael dioddef, yn cael dy 'sbeilio, dy
    feibion ymhell yn y rhyfel.
Gwraig wyt ti sy'n cael ei herlyn a'i
    dyrnu ond eto'n llawn gobaith.
Yn wylo pan gaiff fuwch,
Yn rhyfeddu pan na chaiff ei churo.
Nain, maddau i ni, ormeswyr melltigedig.

(Wedyn bloeddia ar y ffermwyr cefnog.)

Cyfaddefwch nad ydych yn credu mewn gwyrthiau — chi'r rhai di-Dduw! Rhaid i bob un ohonoch dalu dirwy o bum can piaster am fod yn annuwiol. Allan â chi. *(Sleifiant allan.)* A thi, Nain, a thithau, ŵr da: yfwch jygaid hefo'r Swyddog Erlyniadau Cyhoeddus ac Azdak.

Y CANWR A'I GERDDORION:
    Ac fe dorrodd hwn reolau,
    Fel tae'n dorth — i lenwi boliau;
    Daeth â phawb i'r lan er i long fach y gyfraith gael crac.
    I'r rhai isel a'r rhai gwan,
    Daeth cyfiawnder gwir i'w rhan,
    Gŵr a dwylo gwag yn ei lwgrwobrwyo — Azdak.
    Dyddiau lu, saith gant ac ugain,

83

Mesur wnaeth, â nam ar ei glorian,
Eu cwynion, a thrin y rafins fel tae o'n un o'u pac.
Ar ei orsedd hefo rhan
O'r grocbren union uwch ei ben
Delio â deddfau wedi plygu wnaeth 'rhen Azdak.

Y CANWR:

Daeth oes anhrefn i ben, a'r Archddug ddaeth yn ôl
Daeth gwraig y rhaglaw'n ôl. Cafwyd achos llys.
Bu farw llawer. Llosgwyd y dref eto. Roedd ofn ar Azdak.

*(Mae Azdak ar y sgwâr y tu allan i'r llys ac yntau'n eistedd ar
lawr yn trwsio'i esgid ac yn sgwrsio â Schauwa. Clywir twrw
y tu allan. Gwelir, uwchben y wal yn y cefndir, ben y tywysog
yn cael ei gludo heibio ar bicell.)*

AZDAK: Schauwa, mae dyddiau dy gaethiwo gen i wedi'u rhifo
— neu hyd yn oed y munudau o bosib. Fe'th gedwais mor
dynn ar raff synnwyr cyffredin, wedi dy ffrwyno, nes
gwneud i'th geg waedu. Fe'th chwipiais â rhesymau a'th
gam-drin â rhesymeg. Creadur gwan wyt ti wrth natur;
ac os teflir dadl i'th gyfeiriad yn slei rwyt ti'n ddigon
gwirion i'w llyncu'n awchus. Dy natur di yw llyfu llaw pobl
uwch eu statws na thi, ond gall y rheini fod yn bobl
wahanol iawn. Ond yn awr fe gei dy ryddhau. Unwaith eto
cei ddilyn y reddf ddi-fai sy'n dy ddysgu i blannu dy wadn
fawr giaidd reit ar wyneb rhyw greadur. Oherwydd mae
oes terfysg ac anhrefn wedi mynd heibio; a hyd yma ni
ddaeth yr oes aur y mae sôn amdani yn y gân enwog honno
am Anhrefn. Fe ganwn ni honno rŵan gyda'n gilydd, i ni
gael cofio am yr oes ardderchog yma. Eistedda, a phaid
â difetha'r alaw wrth ganu'n fflat. Paid â bod ag ofn i neb
ein clywed chwaith. Mae'r gytgan yn un boblogaidd.

(Mae'n canu.)

Chwaer, gorchuddia dy ben; estyn dy
   gyllell, frawd; llithrodd yr oes o'i rhigol.
Mae'r byddigions yn cwyno a'r tlodion yn llawenhau.
Medd y bobl yn y dre: rhaid bwrw'r
   mawrion allan o'n plith.
Ceir rhai'n torri i mewn i'r swyddfeydd, yn
   difa rhestrau'r taeogion.
Rhoddwyd y meistr i droi meini'r felin.

84

Y rhai fu'n gaeth aeth allan.
Torrir y blychau cardod o bren hardd ac
offer gwych o goed i wneud gwelyau.
Y rhai nad oedd ganddynt fara, mae
sguboriau ganddynt nawr.
Y rhai fu'n cael cardod o wenith, cânt nawr ei ddosbarthu.

SCHAUWA: O, la, la, la, la.

AZDAK: Ymhle'r wyt ti, gadfridog, o tyrd i gael trefn.
Ni ellir adnabod mab yr aruchel mwyach.
Daeth plentyn y feistres yn fab i'w
chaethferch.
Mae'r swyddogion yn chwilio am loches
mewn atig,
Un na châi gynt fwrw'r nos ger y muriau
sy'n awr mewn gwely moethus.
Yr un fu'n rhwyfo sy'n berchen llongau;
Os daw'r perchennog yn ôl, nid fo a'u
piau mwyach.
Anfonir pum dyn ar daith gan y meistr.
Dywedant: Dos dy hunan. Rydym ni wedi
cyrraedd pen ein taith.

SCHAUWA: O, la, la, la, la.

AZDAK: Ymhle'r wyt ti, gadfridog? Tyrd, o tyrd i gael trefn. Ia,
felly fasa hi wedi bod hefo ni pe cawsai'r drefn ei
hesgeuluso 'mhellach. Ond yn awr daeth yr Archddug yn
ôl i'r brifddinas — hwnnw yr arbedais i, y ffŵl, ei fywyd.
Ac mae Persia wedi rhoi benthyg byddin iddo, er mwyn
iddo gael trefn ar bethau. Mae rhannau o'r ddinas eisoes
ar dân. Cer i nôl y llyfr mawr trwchus 'na i mi — hwnnw
y bydda i'n arfer eistedd arno. *(Mae Schauwa yn nôl y
llyfr o'r gadair ac mae Azdak yn ei agor.)* Dyma Lyfr y
Gyfraith ac fe'i defnyddiais ar bob achlysur. Rwyt ti'n
dyst!

SCHAUWA: Do. I eistedd arno.

AZDAK: Rŵan 'ta. Gwell i mi chwilio drwyddo i weld beth ellir
fy nghyhuddo ohono. Oherwydd edrychais i ddim yn rhy
fanwl ar gamweddau'r werin ac fe fydd yn rhaid i mi dalu'n
ddrud am hynny. Fe helpais y tlodion i sefyll ar eu coesau

priciau simsan ac am hynny, debyg, caf fy ngalw'n feddw a'm crogi. Fe sbeciais ym mhocedi'r cyfoethog ac ni fydd diolch i'w gael ganddynt am hynny. A does unman y galla i ymguddio oherwydd mae pawb yn f'adnabod am i mi helpu pawb.

SCHAUWA: Mae rhywun yn dod!

AZDAK *(yn sefyll mewn dychryn ac yna'n cerdded yn sigledig at ei gadair)*: Ond dw i ddim am drio plesio neb trwy roi sioe o fawredd urddasol. Fe af ar fy ngliniau i ti ac ymbil am drugaredd. Paid â'm gadael. Teimlaf y plwc yn llifo ohono i. Mae coblyn o ofn marw arna i.

(Daw Natella Abaschwili, gwraig y rhaglaw, i mewn hefo'r Cyrnol ac un o'r Helmau Duon.)

NATELLA: Beth ar y ddaear yw'r creadur yma, Shalva?

AZDAK: Un parod iawn i fod o wasanaeth, Madam.

CYRNOL: Mae Natella Abaschwili, gwraig y diweddar raglaw, newydd ddychwelyd ac yn chwilio am ei mab teirblwydd, Michel Abaschwili. Fe glywodd i'r plentyn gael ei gipio i'r mynyddoedd gan gyn-forwyn iddi.

AZDAK: Caiff ei nôl, Eich Mawrhydi, popeth yn ôl eich gorchymyn.

CYRNOL: Dywedir i'r ferch honni mai ei phlentyn hi ydy o.

AZDAK: Caiff ei dienyddio am hynny, Eich Mawrhydi, popeth yn ôl eich gorchymyn.

CYRNOL: Dyna'r cyfan.

NATELLA: *(wrth fynd)*: Dydw i ddim yn hoffi'r dyn 'na.

AZDAK *(yn ei dilyn allan gan ymgrymu'n isel)*: Caiff popeth angenrheidiol ei wneud, Eich Mawrhydi, popeth yn ôl eich gorchymyn.

Y cylch sialc

Y CANWR: Gwrandewch yn awr ar hanes yr achos a sut y penderfynwyd pwy oedd gwir fam plentyn y rhaglaw drwy wneud y prawf enwog â chylch sialc.

(Iard y llys yn Nukha. Yr Helmau Duon yn arwain Michel i mewn drwy'r sgwâr ac allan drwy'r cefn. Un o'r Helmau Duon yn cadw Grusche rhag mynd drwy'r porth — â phicell — nes i'r plentyn gael ei arwain ymaith. Yna fe ganiateir iddi fynd i mewn. Gyda hi mae'r gogyddes fu'n gweini gynt gyda'r diweddar raglaw. Yn y pellter — twrw a chochni tân.)

GRUSCHE: Mae'n hen fachgen bach iawn ac yn medru 'molchi ei hun a chwbl.

COGYDDES: Ti'n lwcus. Nid Barnwr iawn sy 'ma o gwbl ond Azdak. Mae o'n rêl potiwr a dydy o'n dallt dim ac mae'r dihirod pennaf wedi dod yn rhydd ganddo. Mae'n tueddu i gymysgu pob dim; a chan nad ydy'r cyfoethog byth yn rhoi digon o gildwrn iddo mae rhai fel ni weithiau yn gwneud yn iawn dan ei drefn o.

GRUSCHE: Wel, mae arna i angen lwc heddiw.

COGYDDES: Paid ti â cholli ffydd. *(Mae'n ymgroesi.)* Dw i'n meddwl yr a' i drwy 'mhaderau un tro olaf yn sydyn, a gweddïo'n arbennig y bydd y Barnwr yn feddw. *(Mae hi'n gweddïo'n dawel tra bod Grusche yn edrych o'i chwmpas yn ofer am y plentyn.)* Dydw i ddim yn dallt wir pam wyt ti mor benderfynol o'i gadw gan mai nid ti pia fo . . . Yn y dyddiau blin yma . . .

GRUSCHE: Fi pia fo. Fi magodd o.

COGYDDES: Wnest ti rioed feddwl be ddigwyddai pe deuai hi'n ôl?

GRUSCHE: Ar y cychwyn roeddwn i'n meddwl y buaswn yn ei roi'n ôl iddi. Ac wedyn, yn raddol, dois i gredu na ddeuai hi byth.

COGYDDES: Ac mae hyd yn oed gwisg fenthyg yn cadw dyn yn gynnes, meddan nhw. *(Mae Grusche yn nodio.)* Rŵan 'ta, fe af fi ar fy llw a dweud unrhywbeth ddywedi di gan dy fod ti'n hen hogan iawn. *(Mae'n adrodd ar ei chof.)* Bûm i'n fam faeth iddo am bum piaster y dydd; daeth Grusche i'w nôl ar y nos Iau pan ddechreuodd y terfysg. *(Mae hi'n gweld Simon Chachava yn nesáu.)* Ond mi rwyt ti wedi pechu yn erbyn Simon. Fûm i'n siarad hefo fo — all o jyst ddim dy ddeall di.

GRUSCHE *(heb ei weld)*: Alla i ddim poeni yn ei gylch o rŵan os na all o ddeall.

COGYDDES: Mae o wedi deall nad ti pia'r plentyn. Ond fedr e ddim deall dy fod ti'n briod ac felly'n gaeth tan i ti gael dy wahanu gan angau oddi wrth dy ŵr.

(Mae Grusche yn ei weld ac yn ei gyfarch.)

SIMON *(yn ddwys)*: Mi hoffwn i ddatgan rŵan yn gyhoeddus wrth y wraig briod 'ma 'mod i'n barod i dystio o'i phlaid. Af ar fy llw mai fi yw tad y plentyn.

GRUSCHE *(yn dawel)*: Iawn, Simon.

SIMON: Ar yr un pryd, hoffwn roi ar ddeall nad yw hynny'n fy rhwymo mewn unrhyw ffordd — na'r wraig chwaith.

COGYDDES: Dyw hynna ddim yn angenrheidiol. Mi wyddost ei bod hi'n briod.

SIMON: Mater iddi hi yw hynny. Does dim rhaid rhwbio halen i'r briw.

(Daw dau o'r Helmau Duon i mewn.)

HELMAU DUON: Ble mae'r Barnwr? Oes rhywun wedi ei weld?

GRUSCHE *(wedi troi i ffwrdd a gorchuddio'i hwyneb)*: Sefyll di o 'mlaen i. Ddylswn i ddim bod wedi dod i Nukha. Petawn i'n digwydd taro ar y milwr hwnnw y trewais i o ar ei ben . . .

UN O'R HELMAU DUON *(un o'r rhai a ddaeth â'r plentyn)*: Nid yw'r Barnwr yma.

(Aiff y ddau i chwilio ymhellach.)

COGYDDES: Gobeithio'n wir nad oes dim byd wedi digwydd iddo. Hefo Barnwr arall byddai gen ti lai o obaith nag sy o ddannedd gan iâr.

(Daw un arall o'r Helmau Duon i mewn.)

UN O'R HELMAU DUON *(yr un fu'n holi am y Barnwr wrth y llall)*: 'Mond dau berson oedrannus ac un plentyn sy yma. Mae'r Barnwr wedi'i heglu hi.

Y MILWR ARALL: Dalia i chwilio.

(Mae'r ddau filwr cyntaf yn ymadael. Erys y trydydd. Rhydd Grusche sgrech fach. Mae'r milwyr yn troi. Fo yw'r corporal — mae ganddo graith fawr ar draws ei wyneb.)

Y MILWR GER Y PORTH: Be sy, Schotta? Ti'n ei nabod hi?

CORPORAL *(yn syllu'n hir)*: Nac ydw.

Y MILWR GER Y PORTH: Hi sy'n cael ei hamau o ddwyn plentyn yr Abaschwili. Os gwyddost ti rywbeth am y mater fe wnei di domen o bres, Schotta.

(Aiff y corporal oddi yno gan regi a fflamio.)

COGYDDES: Hwnna oedd o? *(Mae Grusche yn nodio.)* Dw i'n credu y cadwith o'i geg ar gau neu fe fydd raid iddo gyfadde iddo yntau fod ar drywydd y plentyn.

GRUSCHE *(wedi cael rhyddhad)*: Gwir, bu bron i mi anghofio 'mod i wedi achub y plentyn rhagddynt.

(Daw Natella Abaschwili i mewn hefo'r cyrnol a dau gyfreithiwr.)

NATELLA: Diolch i'r drefn! Does dim torf o bobl gyffredin yma. Alla i ddim diodda'u hogla nhw. Mae'n rhoi migren i mi.

TWRNAI CYNTAF: Madam, os gwelwch chi fod yn dda, oes modd i chi fod yn ofalus a chall ym mhopeth ddywedwch chi nes i ni o leiaf gael Barnwr arall?

NATELLA: Ond ddwedais i ddim o'i le, Illo Schuboladze. Dw i'n hoff iawn o'r werin hefo'i synnwyr call, syml — dim ond eu *hogla* nhw sy'n rhoi migren i mi.

AIL DWRNAI: Prin fydd 'na gynulleidfa. Mae'r rhan fwyaf o bobl yn cadw y tu ôl i ddrysau caeedig oherwydd y terfysg.

NATELLA *(yn edrych ar Grusche)*: Dyna'r person?

TWRNAI CYNTAF: Os gwelwch chi fod yn dda, Natella Abaschwili barchusaf, ceisiwch osgoi unrhyw arwydd o sbeit hyd nes ein bod yn sicr fod yr Archddug wedi penodi Barnwr newydd a'n bod wedi cael gwared o'r un presennol — hwnnw yw'r peth sala welwyd erioed yn gwisgo clogyn

Barnwr. Ac mae'n ymddangos fod pethau'n dechrau symud, welwch chi.

(Daw rhai o'r Helmau Duon i mewn i'r sgwâr.)

COGYDDES: Byddai'n meistres yn rhwygo'r gwallt oddi ar dy ben yn syth bin oni bai ei bod hi'n gwybod fod Azdak yn ochri hefo'r bobl gyffredin. Mae o'n barnu pobl yn ôl eu hwynebau.

(Mae dau o'r Helmau Duon wedi dechrau clymu rhaff wrth un o'r colofnau. Arweinir Azdak i mewn wedi ei glymu. Y tu ôl iddo — Schauwa, yr un modd. Y tu ôl iddo yntau — y tri ffermwr llewyrchus.)

UN O'R HELMAU DUON: Trio ffoi oeddet ti 'ntê? *(Mae'n taro Azdak.)*

UN O'R FFERMWYR: I ffwrdd â'r clogyn cyn ei dynnu i fyny gerfydd ei wddf, medda fi.

(Mae'r Helmau Duon a'r ffermwyr cefnog yn rhwygo'r clogyn oddi amdano. Ei ddillad isaf carpiog yn dod i'r amlwg. Mae un ohonynt yn rhoi hergwd iddo.)

UN O'R HELMAU DUON *(yn ei wthio at un arall)*: Eisie cyfiawnder? 'Ma fe!

(Dan weiddi 'Cymer o' a 'Dw i mo'i eisiau' taflant Azdak o un i'r llall nes iddo syrthio yn ddiymadferth. Mae un ohonynt yn ei halio ar ei draed ac yn ei lusgo i gyfeiriad y rhaff.)

NATELLA *(sydd wedi bod yn curo'i dwylo mewn hysteria o lawenydd yn ystod y 'gêm bêl')*: Hoffais i mohono o'r munud y gwelais i o.

AZDAK *(yn waed i gyd ac yn tuchan)*: Alla i weld dim. Rhowch gadach i mi.

UN ARALL O'R HELMAU DUON: Be ti eisiau'i weld, felly?

AZDAK: Chi, y cŵn sglyfaethus! *(Mae'n sychu'r gwaed o'i lygaid hefo'i grys.)* Henffych, y cŵn, y taclau! Sut ydych chi, gŵn? Sut mae pethau'n mynd, gŵn? Ydych chi wedi dod o hyd i esgid i'w llyfu eto? Ydych chi am eich cnoi'ch hunain i farwolaeth eto?

(Daw marchog llychlyd i mewn yng nghwmni corporal. Tyn ddogfennau o sgrepan ledr ac edrych drostynt. Mae'n ymyrryd.)

MARCHOG: Stop! Dyma neges oddi wrth yr Archddug ynglŷn

90

â'r penodiadau newydd.

CORPORAL *(yn bloeddio)*: Tawelwch! *(Mae pawb yn ymdawelu.)*

MARCHOG: Ynglŷn â'r Barnwr newydd — y neges yw hyn: penodir y gŵr y mae diolch iddo am achub bywyd tra phwysig i'n gwlad. Y gŵr hwnnw yw rhywun o'r enw Azdak. Pwy ydy o?

SCHAUWA *(yn pwyntio at Azdak)*: Y dyn wrth y grocbren, Eich Anrhydedd.

CORPORAL *(yn bloeddio)*: Be sy'n mynd ymlaen yma?

UN O'R HELMAU DUON: Caniatâd i egluro, syr — bu'r Arglwydd Farnwr newydd yn Arglwydd Farnwr eisoes, ond fe'i cyhuddwyd gan y mân sgwieriaid yma o fod yn elyn i'r Archddug.

CORPORAL *(yn pwyntio at y sgwieriaid)*: I'r celloedd â nhw! *(Cânt eu harwain ymaith gan ymgrymu'n ddi-baid.)* Gwnewch yn siŵr na ddaw unrhyw brofiad annifyr arall i ran ei Anrhydedd. *(Exit gyda'r marchog.)*

COGYDDES *(wrth Schauwa)*: Roedd hi'n curo'i dwylo . . . gobeithio'i fod o wedi sylwi.

TWRNAI CYNTAF: Dyma drychineb.

(Mae Azdak wedi llewygu. Dônt ag ef i lawr. Daw ato'i hun. Rhoir clogyn y Barnwr amdano eto. Cama'n sigledig o ganol y twr o Helmau Duon.)

YR HELMAU DUON: Doedden ni'n meddwl dim drwg, syr. Beth yw'ch dymuniad rŵan, syr?

AZDAK: Dim, fy nghyd-gŵn. Dim ond esgid i'w llyfu o bryd i'w gilydd. *(Wrth Schauwa)*: Dw i'n maddau i ti. *(Tynnir ei rwymau.)* Dos i nôl tipyn o'r gwin coch 'na i mi — yr un melys. *(Mae Schauwa yn mynd.)* Diflannwch. Mae gen i achos i'w glywed. *(Aiff yr Helmau Duon. Daw Schauwa yn ôl â jygaid o win. Mae Azdak yn drachtio'n ddwfn.)* Rhywbeth i 'mhen-ôl. *(Daw Schauwa â Llyfr y Gyfraith a'i osod ar y fainc. Eistedda Azdak arno.)* Dw i'n barod i dderbyn.

(Daw gwên o ryddhad i wynebau'r erlyniad, sydd wedi bod yn cael trafodaeth bryderus. Yn awr maent yn sibrwd.)

COGYDDES: O'r arswyd!

SIMON: 'Does dim modd llenwi pwll diwaelod hefo diferion gwlith' chwedl yr hen ddihareb.

TWRNEIOD *(yn nesáu at Azdak, ac yntau'n sefyll yn llawn gobaith)*: Achos chwerthinllyd, F'Arglwydd Farnwr. — Mae'r diffynnydd wedi dwyn y plentyn ac yn gwrthod ei roi'n ôl.

AZDAK *(yn dal ei law allan, gan edrych ar Grusche)*: Person deniadol dros ben. *(Mae'n derbyn mwy o arian.)* Agorir y gwrandawiad. Rhaid pwysleisio 'mod i'n mynnu cael y gwir perffaith *(wrth Grusche)* yn enwedig gen ti.

TWRNAI CYNTAF: Uchel Farnwr, mae gwaed yn dewach na dŵr, meddan nhw. Ac mae'r hen wirionedd . . .

AZDAK: Hoffai'r llys wybod beth yw ffi'r cyfreithiwr.

AIL DWRNAI *(yn syn)*: Begio'ch pardwn? *(Mae Azdak yn rhwbio bys a bawd hefo'i gilydd ac yn gwenu'n gyfeillgar.)* O, wela i, pum can piaster ydy'r ateb. Cwestiwn anarferol. braidd, 'ntê, gan y llys?

AZDAK: Glywsoch chi hynna? Cwestiwn anarferol, ie? Wel, holi ydw i am 'mod i'n gwrando mewn ffordd cwbl wahanol, os gwn eich bod yn dda.

TWRNAI CYNTAF *(yn moesymgrymu)*: Diolch, syr. F'Arglwydd Farnwr, cwlwm gwaed yw'r cryfa sy i'w gael. Mam a'i phlentyn, 'ntê . . . pa gysylltiad sy'n fwy clòs na hwnnw? Oes modd rhwygo plentyn oddi wrth ei fam? Eich Anrhydedd, fe feichioga hi yn nwyd sanctaidd cariad, ei gario yn ei chroth, ei fwydo â'i gwaed, esgor mewn gwewyr. Syr, fe ŵyr pawb ohonom sut mae hyd yn oed teigres wyllt, os colli ohoni un o'i chenawon, yn crwydro'r mynyddoedd yn ddiflino yn y gobaith o'i ganfod, gan deneuo, nes bod ond cysgod megis o'r hyn oedd cynt. Mae natur ei hun . . .

AZDAK *(yn torri ar ei draws, wrth Grusche)*: Be sgen ti i'w ddweud yn ateb i hyn i gyd, ac i bob peth arall fydd gan ý cyfreithiwr 'ma i'w ddweud?

GRUSCHE: Fi pia fo.

AZDAK: Dyna'r cyfan? Gobeithio y gelli di brofi hynny. P'run bynnag dw i'n dy gynghori di i ddweud wrtha i pam rwyt ti'n credu y dylwn i ddyfarnu'r plentyn i ti.

GRUSCHE: Fi fagodd o. Gora gallwn i yn ôl fy nghydwybod, a gofalu'i fod o'n cael tamaid i'w fwyta. Cafodd do uwch ei ben, ran amla, ac fe ddioddefais i lawer o galedi er ei fwyn. Fe gostiodd yn ddrud i mi. Feddyliais i rioed am fy nghysur fy hun. Anogais y plentyn i fod yn glên tuag at bawb, ac o'r cychwyn fe'i dysgais i weithio — gorau gall o — un bach ydy o.

TWRNAI CYNTAF: F'Arglwydd Farnwr, sylwn nad yw'r person yma yn honni gallu profi unrhyw gysylltiad gwaed rhyngddi a'r plentyn.

AZDAK: Mae'r llys yn nodi hynna.

TWRNAI CYNTAF: Diolch, Eich Anrhydedd. Caniatewch yn awr i wraig siarad, gwraig sy dan bwysau trwm o straen, wedi colli'i gŵr ac yn awr yn byw mewn ofn o orfod colli'i phlentyn hefyd. Hoffai eich annerch yn fyr. Natella Abaschwili . . .

NATELLA *(yn ddistaw)*: Syr, mae ffawd creulon yn fy ngorfodi i ymbil arnoch i ddychwelyd fy annwyl blentyn i mi. Nid fy lle i yw portreadu i chi wewyr meddwl mam sy wedi colli'i phlentyn — yr ofnau, y nosweithiau di-gwsg . . .

AIL DWRNAI *(yn ffrwydro)*: Mae'n warthus sut y mae'r wraig yma'n cael ei thrin. Gwrthodir mynediad i balas ei gŵr iddi; does dim modd iddi gael defnyddio'r llogau a ddaw o'i diroedd; dywedwyd wrthi'n galon galed mai eiddo'r etifedd ydynt. All hi gyffwrdd mewn *dim* na gweithredu mewn *unrhyw* fodd heb y plentyn — all hi ddim talu i'w chyfreithwyr, hyd yn oed. *(Try at y cyntaf — hwnnw'n anobeithio oherwydd y llifeiriant geiriol yma ac yn gwneud arwyddion arno i dewi.)* Annwyl Illo Schuboladze, pam na ddylai hyn gael ei ddweud? Mai sôn am eiddo a thiroedd yr Abaschwili yr ydym ni yn y pen draw?

TWRNAI CYNTAF: Os gwelwch yn dda, barchus Sandro Oboladze. Rydyn ni wedi cytuno . . . *(Wrth Azdak)*: Wrth gwrs, mae'n berffaith gywir dweud fod canlyniad yr achos yn penderfynu hefyd a fydd ein cyflogydd yn cael yr hawl i reoli stad ac eiddo teuluol yr Abaschwili ac ati. Ond dw i'n defnyddio'r gair 'hefyd' yn fwriadol, gan olygu mai'r peth blaenllaw yn ein meddwl yw trasiedi personol y fam yma. Clywsom eisoes ddatganiad ysgytwol Natella Abaschwili ei hun. Hyd yn oed pe *na* bai Michel Abaschwili yn etifedd i'r stadau fe fyddai'n blentyn hoff i'n cyflogydd yr un fath.

AZDAK: Dyna ddigon! Mae crybwyll yr eiddo fel hyn yn cyffwrdd yng nghalon y llys gan ei fod yn brawf o deimladau dynol.

AIL DWRNAI: Diolch, F'Arglwydd Farnwr. Annwyl Illo Schuboladze, fe allwn brofi beth bynnag nad y person gipiodd y plentyn yw ei fam. Caniatewch i mi gyhoeddi'r ffeithiau moel gerbron y llys. Yn dilyn cyfres o ddigwyddiadau anffodus, gadawyd y plentyn Michel Abaschwili ar ôl pan fu i'w fam ffoi. Roedd Grusche, morwyn yng nghegin y palas, yn bresennol y Sul Pasg hwnnw ac fe'i gwelwyd yn stwna o gwmpas y plentyn . . .

COGYDDES: Doedd y feistres yn meddwl am ddim ond pa ddillad y dylai ddewis i fynd hefo hi.

AIL DWRNAI *(yn anwybyddu hyn)*: Bron i flwyddyn yn ddiweddarach daeth Grusche i'r fei eto — mewn pentre yn y mynyddoedd. Roedd y plentyn yn dal ganddi hi ac fe briododd yno hefo . . .

AZDAK: Sut y doist ti i'r pentre yn y mynyddoedd?

GRUSCHE: Cerdded, Eich Anrhydedd, a fi oedd pia fo.

SIMON: Fi yw'r tad, Eich Anrhydedd.

COGYDDES: Bûm i'n fam faeth iddo, Eich Anrhydedd, am bum piaster.

AIL DWRNAI: Dyweddi Grusche yw'r dyn, F'Arglwydd Farnwr, ac felly nid yw ei dystiolaeth yn ddiduedd a dibynadwy.

AZDAK: Ai ti yw'r gŵr briododd hi?

SIMON: Nage syr. Fe briododd hi ffermwr.

AZDAK *(yn rhoi arwydd i Grusche ddod yn nes)*: Pam hynny? *(Gan nodio'i ben i gyfeiriad Simon.)* Ydy o'n dda i ddim yn y gwely? Tyrd, dwed y gwir!

GRUSCHE: Ddaeth hi ddim i hynny rhyngon ni . . . Priodi wnes i er mwyn y plentyn, er mwyn iddo gael to uwch ei ben.

(Mae'n nodio i gyfeiriad Simon.) Roedd o i ffwrdd yn y rhyfel, syr.

AZDAK: A rŵan mae o am ailddechrau hefo ti, ydy o?

SIMON: Fe hoffwn i chi ei roi yn y cofnodion fod . . .

GRUSCHE *(yn flin)*: Nid wyf yn rhydd mwyach, syr.

AZDAK: Wyt ti'n honni, felly, fod y plentyn yn ganlyniad i'r garwriaeth honno? *(Dim ateb gan Grusche.)* Fe ofynna i gwestiwn i ti 'ta — sut blentyn ydy hwn? Bastard bach tlawd ynteu plentyn o dras, o deulu cefnog?

GRUSCHE *(yn gas)*: Plentyn cyffredin ydy o.

AZDAK: Be dw i'n feddwl ydy hyn — a ddangosodd o unrhyw nodweddion bonheddig o'r dechrau?

GRUSCHE: Roedd ei drwyn yn nodwedd a ymddangosodd.

AZDAK: Dw i'n teimlo fod hwn yn ateb pwysig gennyt — fod trwyn yn un o'i nodweddion. Fe ddywedir amdana i i mi fynd allan unwaith cyn rhoi dyfarniad ac ogleuo rhosyn. Dyna'r math ar gyffyrddiad artistig sydd ei angen heddiw. A rŵan dw i am dorri pethau'n fyr. Wrandawa i ddim mwy ar eich holl gelwyddau chi *(wrth Grusche)* yn enwedig dy rai di. Alla i ddychmygu beth fuoch chi *(wrth y criw cyhuddiedig)* yn ei gynllwynio hefo'ch gilydd i daflu llwch i'm llygaid. Dw i'n eich adnabod chi. Twyllwyr ydych chi.

GRUSCHE *(yn sydyn)*: Goelia i eich bod am dorri'r gwrandawiad yn fyr ar ôl gweld faint gymeroch chi fel cildwrn.

AZDAK: Cau dy glep! Dderbyniais i rywbeth gen ti?

GRUSCHE *(er i'r gogyddes geisio ei rhwystro)*: Am nad oes gen i ddim.

AZDAK: Yn hollol. Gennych chi'r newynog dw i'n cael dim, o'ch rhan chi gallwn i newynu. Mae arnoch eisiau cyfiawnder ond ydych chi'n barod i dalu sy'n beth arall? Wrth fynd i siop y cigydd fe wyddoch fod yn rhaid talu. Ond fe ewch at farnwr fel pe byddech yn mynd i angladd gan ddisgwyl cael te am ddim.

SIMON *(yn uchel)*: 'Pan ddaeth y ceffyl i'w bedoli fe gododd y chwannen ei choes hefyd' yn ôl yr hen air.

AZDAK *(yn derbyn yr her, yn llawn asbri)*: Gwell glain o'r ffos carthion na charreg ddi-werth o nant risial-glir y mynydd.

SIMON: 'Diwrnod braf i fynd i sgota 'n tydy,' medd y sgotwr wrth y pry genwair.

AZDAK: 'Fynna i ddim gwasanaethu'r un meistr,' medd y gwas, a thorri ei droed ei hun ymaith.

SIMON: 'Dw i'n eich caru fel plant i mi,' medd y Brenin wrth y werin a gadael iddyn nhw dorri pen y Tywysog i ffwrdd.

AZDAK: Gelyn penna ffŵl yw'r ffŵl ei hun.

SIMON: Does dim dawn ogleuo gan y rhechan.

AZDAK: Dirwy o ddeg piaster am ddefnyddio iaith anweddus yn y llys — ac fe ddysgi wedyn i barchu'r gyfraith.

SIMON: Cyfraith od ar y naw. Rwyt ti'n ein dwrdio ni 'mond am na allwn ni draethu'n swel fel y twrneiod swanc sy gan y lleill.

AZDAK: Ia, felly mae hi. 'Dach chi mor dwp — mae'n iawn i chi gael peltan go lew.

GRUSCHE: Wyt ti'n meddwl rhoi'r plentyn yn nwylo honna'n fanna sy'n rhy grand i wybod sut affliw oedd newid ei glwt o? Dwyt ti'n gwybod dim mwy am gyfiawnder na fi, i ti gael gwybod.

AZDAK: Mae rhywbeth yn hynny. Dyn anwybodus ydw i. Does gen i ddim hyd yn oed drywsus cyfa dan y clogyn urddasol 'ma — drycha dy hun. Bwyta ac yfed sy'n bwysig i mi. Cefais addysg syml gan fynachod. A chyda llaw, fe gymera i ddirwy o ddeg piaster gennyt gan i tithau hefyd amharchu'r llys. A heblaw hynny, rwyt ti'n wirion i wneud gelyn ohono i yn lle gwneud llygaid llo arna i a siglo dy ben-ôl ryw chydig i'm rhoi mewn tymer go lew. Ugain piaster.

GRUSCHE: A phetai o'n costio deg ar hugain i mi — mi ddwedwn i be dw i'n feddwl o dy gyfraith di. Sut ar y ddaear wyt ti'n meiddio siarad hefo fi fel tasat ti'n sant yn camu allan o ffenest liw'r eglwys? Ti'n siarad fel un o'r meistri. Chest ti mo dy eni i roi slap i dy fam dy hun pe cymerai ddyrnaid o haidd heb grefu amdano'n gyntaf? Sgen ti'm cywilydd gweld rhai fel fi'n crynu o dy flaen? Ti wedi troi yn was iddyn *nhw* fel na chollant y pethau y maen nhw wedi'u dwyn. Rwyt ti'n gofalu am eu buddiannau nhw rhag ofn iddynt fethu llusgo'n hogia ni i'w rhyfeloedd twp. Ti wedi dy brynu, 'ndwyt?

(Mae Azdak yn codi ar ei draed ac yn gwenu. Cura ar y bwrdd â morthwyl bach fel pe bai arno eisiau cael trefn ar bethau, ond heb lawer o frwdfrydedd. Fel yr â Grusche yn ei blaen i draethu a ffraeo mae ei guro yntau yn ymuno yn y curiad.)

GRUSCHE: Does gen i ddim parch tuag atat ti. Dim mwy nag at leidr neu lofrudd sy'n gallu gwneud fel y myn am fod cyllell ganddo. Fe elli gymryd y plentyn oddi arna i — mae siawns go dda y gwnei di, ond fe ddweda i hyn wrthyt ti — ar gyfer swydd fel d'un di, dim ond dynion sy'n cam-drin plant ac yn rhoi benthyg pres am log creulon o uchel ddylai gael eu dewis — hynny fel cosb. Oherwydd yn dy swydd di mae dyn yn gorfod barnu ei gyd-ddynion ac mae hynny'n waeth na chrogi o'r rhaff dy hun.

AZDAK *(yn eistedd)*: Deg ar hugain! Ffraea i ddim mwy hefo ti fel tasan ni mewn tafarn. Beth am fy urddas fel Barnwr? A dw i wedi colli pob diddordeb yn dy achos di. Ble mae'r cwpwl 'na oedd eisiau ysgariad? *(Wrth Schauwa):* Tyrd â nhw i mewn. Fe ohiria i'r achos yma am chwarter awr.

TWRNAI CYNTAF *(wrth wraig y rhaglaw tra aiff Schauwa)*: Tae dim mymryn mwy o brawf gennym ni i'w gynnig, mae'n hachos wedi'i ennill, madam.

COGYDDES *(wrth Grusche)*: Rwyt ti wedi difetha dy siawns hefo fo. Chei di mo'r plentyn ganddo fo rŵan.

(Daw hen gwpwl i mewn.)

NATELLA: Shalwa, fy *sal volatile* . . .

AZDAK: Dw i'n barod i dderbyn. *(Dyw'r ddau oedrannus ddim yn deall.)* Dw i'n clywed eich bod am gael ysgariad. Ers faint ydych chi'n briod?

HEN WRAIG: Deugain mlynedd, F'Arglwydd Farnwr.

AZDAK: A pham ydych chi am gael ysgariad?

HEN ŴR: Dydyn ni ddim yn siwtio'n gilydd, syr.

AZDAK: Ers pryd?

HEN WRAIG: Ers y cychwyn, Eich Anrhydedd.

AZDAK: Rhof ystyriaeth manwl i'ch cais a rhoi'r dyfarniad ar ôl gorffen â'r achos arall. *(Mae Schauwa yn eu hebrwng i'r cefndir.)* Dw i angen y plentyn. *(Mae'n rhoi arwydd ar i Grusche ddod ato. Mae'n plygu ati, heb fod yn angharedig.)* Dw i'n gweld dy fod ti'n credu mewn cyfiawnder. Dydw i ddim yn credu mai dy blentyn di ydy o. Ond petai o'n blentyn i ti, fuaset ti ddim yn dymuno iddo fo fod yn gyfoethog a chael pob mantais? Does ond angen i ti ddweud nad ti pia fo, ac yn syth buasai ganddo blasty, a stabl yn llawn ceffylau, a rhesi'n cardota o flaen ei ddrws, a milwyr lawer, a phobl yn dod ato â cheisiadau iddo'u hystyried. Rŵan 'ta, pa ateb sy gen ti i mi? Dwyt ti ddim am iddo fod yn gyfoethog? *(Nid yw Grusche yn dweud dim.)*

Y CANWR: Ddywedodd y wraig ddim. Ond gwrandewch beth aeth drwy ei meddwl, a hithau'n flin *(Mae'n canu)*:
Os yr âi mewn sgidiau aur,
Sathru wnâi y gweiniaid,
Gwneud yn sicr lawer drwg
Gyda hyll chwerthiniad.
Anodd ydyw, ddydd a nos,
Bod â chalon fel oer graig.
Peth blinderus fyddai'n wir
Bod yn gryf — a blin fel draig.
Gwell yw ofni bod heb fwyd
Nag ofni'r rhai newynog.
Gwell yw ofni noson ddu
Nag ofni hafddydd heulog.

AZDAK: Dw i'n meddwl 'mod i'n dy ddeall, wraig.

GRUSCHE: Wna i mo'i roi o iddi hi. Fi magodd o. Mae'n f'adnabod i.

(Mae Schauwa yn arwain y plentyn i mewn.)

NATELLA: Hen garpiau sy amdano fo!

GRUSCHE: Dyw hynny ddim yn wir. Ches i ddim amser ganddyn nhw i roi ei grys gorau amdano.

NATELLA: Mae o wedi bod mewn cwt mochyn.

GRUSCHE *(wedi gwylltio)*: Nid hwch ydw i. Ond mae 'na rai i'w cael. Ble y gadewaist ti dy blentyn?

NATELLA: Fe dali di am hyn, y gnawes ddigywilydd. *(Mae am ruthro ar Grusche ond caiff ei dal yn ôl gan y twrneiod.)* Troseddwraig ydy hi! Rhaid ei chwipio!

AIL DWRNAI *(yn dal ei law dros ei cheg)*: Annwyl Natella Abaschwili, wnaethoch chi addo . . . F'Arglwydd Farnwr, mae nerfau yr erlynydd . . .

AZDAK: Erlynydd a diffynnydd — mae'r llys wedi gwrando'ch achos a heb fedru gweld yn glir pwy yw gwir fam y plentyn yma. Arna i fel Barnwr y mae'r cyfrifoldeb o ddod o hyd i fam iddo. Fe osoda i brawf arnoch chi. Schauwa, cymer ddarn o sialc. Gwna lun cylch ar y llawr. *(Schauwa yn gwneud.)* Rho'r plentyn ynddo. *(Mae Schauwa yn rhoi Michel yn y cylch, hwnnw'n gwenu ar Grusche.)* Y ddwy ohonoch — erlynydd a diffynnydd — dowch i sefyll wrth ymyl y cylch. *(Y ddwy'n mynd.)* Cymerwch law y plentyn. Fe fydd digon o nerth gan y wir fam i'w dynnu ati, allan o'r cylch.

AIL DWRNAI *(yn gyflym)*: F'Arglwydd Farnwr, rhaid i mi brotestio! Mae tynged stadau enfawr y teulu Abaschwili ynghlwm wrth y plentyn yma, sef yr etifedd. Ydy hynny i ddibynnu ar ganlyniad prawf mor amheus? Ac nid yn unig hynny — go brin y bydd y foneddiges sy'n fy nghyflogi yn meddu ar yr un nerth â'r greadures yma sydd wedi hen arfer â gwneud gwaith corfforol.

AZDAK: A barnu o'r hyn wela i, mae hi'n cael digon o fwyd maethlon. Tynnwch!

(Mae gwraig y rhaglaw yn tynnu'r plentyn drosodd i'w hochr hi, allan o'r cylch. Mae Grusche wedi ei ollwng ac yn syllu'n syn.)

TWRNAI CYNTAF *(yn llongyfarch Natella)*: Be ddwedais i? Cwlwm gwaed . . .

AZDAK *(wrth Grusche)*: Be ddiawl haru ti? Dynnaist ti ddim.

GRUSCHE: Wnes i mo'i ddal yn dynn. *(Rhed at Azdak.)* O syr, dw i'n tynnu'n ôl yr holl bethau ddwedais i amdanoch chi. Dw i'n erfyn am faddeuant. Taswn i 'mond yn cael ei gadw nes iddo fedru siarad yn iawn. 'Mond ychydig eiriau mae o wedi ddysgu.

AZDAK: Paid â cheisio dylanwadu ar y llys. Mi wranta i na fedri di fwy na ryw ugain dy hun. Reit, fe wna i'r prawf eto er mwyn cael pen ar y mater.

(Aiff y ddwy wraig i'w lleoedd eto.)

AZDAK: Tynnwch!

(Unwaith eto mae Grusche yn gollwng y plentyn o'i gafael.)

GRUSCHE *(yn torri'i chalon)*: Fi magodd o! Ydw i rŵan i'w rwygo fo? Alla i ddim!

AZDAK *(yn sefyll)*: Ac felly dyma'r llys wedi darganfod p'un yw'r wir fam. *(Wrth Grusche)*: Cymer dy blentyn a dos â fo oddi yma. Dw i'n dy gynghori i beidio ag aros yn y ddinas hefo fo. *(Wrth Natella)*: Ac fe gei dithau ddiflannu cyn i mi dy gosbi am geisio twyllo. Daw'r stadau'n eiddo i'r ddinas, ac fe wneir gardd ohonynt at ddefnydd y plant — mae gwir angen rhywbeth felly yma. A dyma gyhoeddi nawr y gelwir hi yn Ardd Azdak ar f'ôl i.

(Mae Natella wedi llewygu. Caiff ei llusgo ymaith gan y cyrnol; mae'r ddau dwrnai wedi mynd eisoes. Saif Grusche yn stond. Mae Schauwa'n arwain y plentyn ati.)

AZDAK: Rydw i am roi heibio gwisg y Barnwr. Mae hi wedi mynd yn rhy boeth i mi. Dydw i ddim am fod yn arwr nac yn ferthyr i neb. Ond wrth ffarwelio fe'ch gwahoddaf chi i ddawnsio ychydig ar y lawnt oddi allan. O, ac un peth y bu bron i mi ei anghofio yn y cyflwr penysgafn 'ma — rhaid trefnu'r ysgariad 'na'n swyddogol.

(Gan ddefnyddio'r fainc fel bwrdd, mae'n ysgrifennu rhywbeth ar ddalen o bapur ac yn paratoi i ymadael. Clywir sŵn cerddoriaeth ar gyfer y dawnsio.)

SCHAUWA *(wedi darllen y darn papur)*: Ond dyw hyn ddim yn iawn! Nid yr hen gwpwl sy wedi'u hysgaru ond Grusche a'i gŵr!

AZDAK: Be? Wedi ysgaru y rhai anghywir? Mae'n wir ddrwg gen i. Ond rhaid i bethau sefyll fel 'na rŵan. Alla i mo'i wyrdroi o neu fuasai dim trefn o gwbl ar bethau. *(Wrth yr hen gwpwl)*: I wneud iawn am hyn, cewch chithau ddod i'r parti hefyd. Siawns na fydd ots gennych ddawnsio efo'ch gilydd unwaith. *(Wrth Grusche a Simon)*: Ac fe gymera i'r deugain piaster 'na . . .

SIMON *(yn estyn ei bwrs)*: Mae hynna'n fargen dda, Eich

Anrhydedd. Llawer o ddiolch . . .

AZDAK *(yn rhoi'r arian yn ei boced)*: Mi fydd arna i angen hwn.

GRUSCHE: Gwell fuasai i ni adael y ddinas heno, 'ntê, Michel? *(Mae hi ar fin codi'r plentyn ar ei chefn. Wrth Simon)*: Wyt ti'n ei hoffi?

SIMON *(yn codi'r plentyn ar ei gefn)*: Datganaf yn ufudd fy mod yn ei hoffi. *(Mae'n saliwtio.)*

GRUSCHE: A rŵan fe ddyweda i wrthyt ti sut y bu: fe'i cymerais i o gan i mi ddyweddïo ar y Sul Pasg hwnnw. Felly plentyn ein cariad ni ydy o. Michel, tyrd i ddawnsio.

(Mae'n dawnsio gyda Michel. Mae Simon yn gafael yn y gogyddes ac yn dawnsio gyda hi. Mae'r hen gwpwl yn dawnsio hefyd. Mae Azdak yn sefyll ac yn synfyfyrio. Caiff ei guddio o bryd i'w gilydd gan y parau sy'n dawnsio heibio o'i flaen. Daw i'r golwg yn ysbeidiol, yn llai aml fel daw mwy o barau i mewn i ddawnsio.)

Y CANWR:
Ac wedi'r noson honno diflannodd Azdak
Ac ni welwyd mohono mwyach. Ond nid
Anghofiodd gwerin Grusinia amdano. Cofiodd llawer un
Am ei gyfnod fel Barnwr.
Oes aur fer.
Bron yn oes o gyfiawnder.

(Y dawnswyr yn gadael y llwyfan. Mae Azdak wedi diflannu.)

Chwithau, y rhai a glywodd hanes y cylch sialc —
Talwch sylw i gred yr hen bobl:
Dylai popeth berthyn i'r rhai sydd dda wrtho —
Plant i'r rhai mamol, er mwyn iddynt brifio;
Ceirt i'r gyrwyr gorau, fel y cânt eu gyrru'n dda;
A dyffryn i'r rhai wnaiff ei ddyfrhau,
    er mwyn iddo ddwyn ffrwyth.
A'r dyfodol i'r rhai â chalon ganddynt. Gobaith y bobl.